Čujte Srbi!

Čujte Srbi!

Čuvajte se sebe

Rudolf Arčibald Rajs

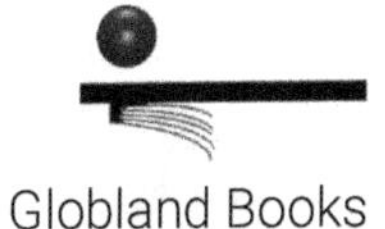

Globland Books

BOLNI I ISKRENI VAPAJ

Veliki prijatelj srpskog naroda Arčibald Rajs, Švarcarac i profesor hemije na lozanskom univerzitetu, koji se bio odrekao svoje samozadovoljne i mirne Švajcarske i prešao Albaniju zajedno sa voljenim Srbima, već 1928. godine, u svome bolnom i iskrenom vapaju *Čujte Srbi!* — više nije mogao da prepozna srpski narod i sve njegove hrišćanske vrline zbog kojih mu se i bio sav posvetio za vreme i posle Prvog svetskog rata. Čovek se uplaši kada vidi kako se jedan narod od vremena slavnih Nemanjića, preko turskog ropstva i prelaska Albanije do danas, toliko mogao da promeni.

Vladeta Jerotić

UVOD

Bio sam s vama kada ste bili u nevolji. Delio sam s vama te patnje i, da bih to mogao, žrtvovao sam sjajan život i veoma lepu karijeru koja je mnogo obećavala. Zavoleo sam vas jer sam na delu video vaše ljude iz naroda u bitkama i presudnim trenucima, kada se prepoznaje istinski karakter neke nacije. Zavoleo sam vas i zbog žrtava koje sam radi vas podneo, jer za ljude i stvari se utoliko jače vezujemo ukoliko nas to vezivanje košta žrtvovanja.

Video sam vam međutim, i mane, mane koje su se užasno iskazale posle rata. Neke vaše mane će, ako ih ne otklonite, biti pogubne po vašu naciju. Ne bih vam bio prijatelj ako ne bih povikao „čuvajte se" i ako vam ne bih, uz vrline, koje su istinske i lepe, ukazao, kao u ogledalu, na vaše loše strane. Neću skriti od vas ništa bitno od onoga što sam video, jer pravi prijatelj nije onaj koji vam laska, već onaj koji vam kaže istinu, celu istinu.

Međutim, nećete imati to ogledalo u rukama dok sam ja u životu. Naći ćete ga u mojim spisima i činićete s njim što god budete hteli. Ili ćete ga pročitati, zamisliti se nad njegovim sadržajem i iz toga izvući korist, ili ćete ga, pak, prezreti, pa će onda ona istinska srpska duša, duša vaših hajduka i junaka ratova za oslobođenje, nestati sa vaših prostora. To će biti poslednja usluga koju mogu da vam učinim.

VAŠ NAROD

U nabrajanju vaših vrlina neću morati da vam govorim o onome što vi nazivate „inteligencijom”. Njome ću se pozabaviti tek u delovima posvećenim vašim manama. Srećom, vaš narod ponajviše čine seljaci, a ne „inteligencija”.

Vaša nacija je imala veoma lepu prošlost, posle koje su usledili dugi nesrećni vekovi. Pošto ste osnovali veliko carstvo, koje je, sudeći po onome što je od njega ostalo, mnogo obećavalo i u svoje doba bilo napredno poput zapadnih carevina i kraljevina, pali ste pod prevlast Turaka, zatim i u njihovo ropstvo. Da bi izbegli to robovanje, mnogi od vas su napuštali zemlju i tražili utočište kod moćnih suseda, Austro-Ugara, ali su samo menjali gospodara. Pod Turcima ste mnogo propatili. Bili ste raja. Crkve i manastire ste sklanjali pod zemlju ili u divlje planinske klance, daleko od puteva svojih gospodara. Otimali su vam decu i od njih stvarali janičare. Od svoje sirotinje ste plaćali i dobar „desetak” ugnjetačima. Vaši rodoljubi nisu mogli da trpe taj nepodnošljivi jaram pa su potražili sklonište u šumama, u koje Turčin nije smeo da kroči. Bili su to vaši hajduci, duhovni oci onih koji su ostvarili povlačenje preko Albanije, Cer i Jadar, Kajmakčalan i Dobro polje. Terali su vas sa plodnih ravnica, njih je zaposedao Turčin, a vama ostavljao samo kamenito planinsko zemljište.

Ipak, uprkos svim tim nevoljama, veoma je malo vaših voljenih pokušalo da izbegne taj grozni položaj prihvatanjem muslimanske vere. Velika većina vaših predaka je, i pored dugotrajnih patnji, ostala odana staroj veri i nije htela da povije vrat pred okrutnim tuđinom. Guslari su opevali vašu minulu veličinu i tako bili vaša savest.

Ti dugi vekovi pod jarmom su u vašem narodu trajan pečat. Time je on stekao divne vrline, ali i velike mane, a sačuvao je i te vrline i te mane.

Pogledajmo najpre te vrline, imajući na umu da vam sad govorim o narodu uopšte, a ne o nekim slojevima vašeg stanovništva.

Narod vam je hrabar i njegova hrabrost često seže do junaštva. Mogu to s pravom da kažem jer sam gledao vaše vojnike, a oni nisu bili ništa drugo do sam narod, u skoro svim bitkama velikog oslobodilačkog rata. Video sam i povlačenje preko Albanije, kada su vam se mnogi seljani i varošani nadmetali u junaštvu sa vojnicima, vojnicima koji su stigli na Krf tek kao ljudske senke i od kojih su mnogi na večnoj straži u morskim dubinama.

Video sam i vaše ranjenike u pokretnim bolnicama i na operacionim stolovima. Retko bi im se jauk, pa ni jecaj, oteo iz usta, a često ih, naročito u početku rata, usled nedostatka narkotika nisu ni uspavljivali.

Narod vam je rodoljubiv. Ne znam ni za jedan narod u kojem legendarni nacionalni junaci toliko žive u narodnoj duši kao kod vas. A imate i onaj veličanstveni dar da vas sećanje na te junake zna toliko nadahnuti da vam vlastiti život više ništa ne znači. To je zato što lik tih legendarnih junaka izlazi iz vas samih. Sačinjen je od komadića koje odaje vaša duša. Urođeni zdrav razum vam je u tim junacima — koji su u stvarnosti često bili sasvim drugačiji — pronašao pravi i možda jedini način da održite netaknutim svoj nacionalni ideal. Kraljević Marko vam je poslužio kao ogledalo.

Da biste očuvali patriotizam, kultu svojih nacionalnih junaka dodali ste još jedno, skoro isto toliko delotvorno sredstvo. Pretvorili ste svoju religiju u narodnu crkvu, bolje reći, u narodnu tradiciju. Istina, vi osećate, poput svakog čoveka koji zaista razmišlja, da postoji nešto neodredljivo, nešto suviše uzvišeno da bi se pojmilo, nad nama, nešto što natkriljuje svet i upravlja njime. Međutim, vi niste religiozni. Niste mogli da prihvatite Boga kakav je u Bibliji, pretvorili ste ga u večnog i svemoćnog glavara svog naroda. Ako bih mogao da u ovoj oblasti upotrebim trivijalan izraz, rado bih rekao da vaš „bog" nosi oklop i bradu Kraljevića Marka, šajkaču vašeg ratnika sa Cera i Jadra, Kajmakčalana i Dobrog polja. Popovi vam nisu bili niti jesu crkveni ljudi, već vatreni rodoljubi sa svim vrlinama i manama vašeg naroda.

Religija je, svakako, moćno sredstvo poretka, a zdrav razum vam je pokazao put da je ponarodite i da je takvu prihvate vaši ljudi. Ta religija vas, uprkos vama, održava. Muškarci vam pogotovo nisu često u crkvi. Koliko sam samo puta, u vreme obreda, ušao u vaše hramove i tamo zatekao tek nekoliko retkih vernika, i to skoro isključivo žena. Ali se čak i onaj Srbin koji se hvališe da ga je „baš briga i za popa i za njegova posla" prekrsti kada sazna nešto što ga žestoko pogodi, ili ode da pobode upaljenu sveću ispred ikonostasa kad izgubi drago biće. Brižljivo čuvajte tu narodnu religiju jer će vaš narod, onog dana kad je napustite, biti izgubljen.

Vaš narod je gostoljubiv. U sela čovek ne može doći, a da ne naiđe na širokogrud doček. Narodne svetkovine još čuvaju onaj nekadašnji prelepi običaj ugošćavanja. Prvi komad božićnog kolača čuva se za namernika.

Narod vam je demokratičan, i to zaista demokratičan, a ne na način političara. Među vašim ljudima čovek se ceni onoliko koliko je čovek, a ne po onome što su od njega učinili odelo i titule. Novac mu, naravno, kao i svuda, uliva poštovanje i ostavlja utisak, ali taj utisak nije toliki da bi ga naterao da se odrekne vlastitog dostojanstva.

Vaš narod zna za samilost i ponekad je takav u trenucima kada se čovek ne nada da će kod njega naći tu lepu ljudsku osobinu. Koliko sam, tako, puta u toku rata gledao kako dovode zarobljene neprijateljske vojnike iznurene od gladi i, umesto da te ljude, koji su im spalili kuće i masakrirali žene i decu, zlostavljaju, vaši vojnici bi se smilovali nad njihovom sudbinom i davali im poslednje parče hleba iz džepa.

Narod vam je ponosan, ali ne i ohol. Taj ponos nije mana, već vrlina. Ona je nužna svakom zaista dobrom čoveku jer ga sprečava da podlegne zlim uticajima ili iskušenjima. Taj ponos je, naprosto, poštovanje sopstvene ličnosti. Loši ljudi ga nemaju. Oni su samo oholi.

Najzad, vi ste bistar narod, jedan od najbistrijih koje sam za života video. Shvatite brzo i pravilno. Sa svojom inteligencijom i prirodnim bogatstvima tla, morali biste imati jednu od glavnih uloga u Evropi. Vaše mane, pogotovo mane onih koje vi nazivate svojom „inteligencijom", sprečavaju vas da to postignete.

Pogledajmo sada mane vašeg naroda.

Niste veliki radnici. Često odlažete za sutra, čak i za preko-sutra, ono što biste mogli da uradite danas. Posledica je da se to, često, nikada i ne uradi. Koliko ste samo ličnih i, još gore, koliko ste gubitaka po svoju zemlju podneli zbog tog olakog dangubljenja! I vaš seljak gubi, zbog nedovoljnog zalaganja u radu, dobar deo onoga što bi mogao dobiti od svoje mnogo plodne zemlje. On ne primenjuje savremene i racionalne postupke u poljoprivredi pošto bi ga oni, bar dok se ne bi na njih privikao, terali da više radi. „Tradicija" mu je izgovor što ih ne primenjuje.

Koliko sam puta, obilazeći vašu zemlju, video u parlogu savršeno obradive, ponekad čak i izvanredne površine pokrivene šipražjem i travom po kojima, i to ne uvek, pasu ovce i koze. Međutim, kad bi se to zemljište obradilo ili, ako je močvarno, isušilo, davalo bi ne samo svu hranu za stoku, već donosilo kvintale i kvintale žita, koje biste skupo prodavali zemljama prema kojima priroda nije tako darežljiva. Evo jednog primera: Makiš, na samom ulazu u Beograd. Kad bi se na njemu izvršila irigacija i kada bi se zaštitio branom od poplava, on bi vam bio ne samo prostrani vrt dovoljan da snabdeva svim povrćem tržište glavnog grada, već i žitnica neprocenjive vrednosti. Danas on pruža oskudnu hranu samo izgladnelim svinjama i mršavim kravama, često je neizvesno lovište beogradskim lovcima i zborno mesto svim Ciganima iz Jarkova radi ribolova na koš, po mulju.

Znam da ćete pokušati da nađete opravdanje i da ćete reći da brana i odvodnjavanje skupo koštaju. Istina je da u ovaj poduhvat treba uložiti neki kapital. Međutim, zar ne mislite da ćete novac koji u to uložite brzo povratiti i da ćete ga udesetostručiti? Zemlja bi vam zasigurno odatle izvlačila veću korist nego danas. I nemojte mi govoriti kako nemate novca potrebnog za izvođenje takvih radova od državnog interesa. Trošite ga na milione za političke „agitacije" koje ne donose dobro, već zlo ovoj zemlji. Na isti taj nedostatak poleta u radu ne nailazimo samo na selu, nailazimo na njega i u gradu, čak i u izraženijoj meri. Pre svega, zašto vam se sela sve više prazne, a seoska omladina, koja sigurno ne bi bila suvišna na selu, navaljuje u gradove da bi tu potražila zaposlenje? Sigurno ne zato što ih vaše selo, koje je, osim retkih izuzetaka, jedno od najplodnijih i najnenaseljenijih u Evropi, ne bi moglo hraniti. Ne, ona dolazi u grad iz dva razloga: prvo, danas mnogi mladi ljudi smatraju ponižavajućim da budu seljaci, pa, žele da budu „činovnici" jer misle, i u velikoj većini slučajeva s pravom tako misle, da će im posao u svojstvu činovnika biti lakši. Ovakvo stanje duha, naravno, slabo pogoduje vaspitanju vrednog osoblja u državnim službama. I, zaista, lično iskustvo mi je pokazalo da je polovina vaših činovnika loša i veoma lenja. Dovoljno je da uđete u poštu, gde bezbrojne gospođice neprestano brbljaju, popravljaju šminku, a jedva da se potrude, i to veoma neljubazno, da udovolje narodu kojem bi morale biti na raspolaganju.

Treba ipak reći da se kod vas taj nedostatak radne energije objašnjava na dva načina. Najpre, pod turskom vlašću vam je i najžešći rad malo koristio. Od njega se bogatio samo vaš ugnjetač. Tokom vekova navikli ste se da radite samo onoliko koliko je neophodno. Zatim, zemlja vam je tako plodna. Uz veoma malo rada imate što vam je potrebno za život. Niste hteli da radite više zato što bi to koristilo samo vašem tiraninu. I tako, kroz duge vekove, navikli ste se da malo radite i još niste uspeli da raskinete s tom navikom, koja u današnjim okolnostima, kada ste postali veliki narod koji mora da ima svoju ulogu u svetu, nije više dopustiva.

Dakle, u ono vreme ste malo radili kako ne biste stvarali bogatstvo svojim ugnjetačima. Najambiciozniji su se zadovoljavali skromnim blagostanjem. Niste bili lakomi. Danas su, iako relativno malo rade, mnogi od vas postali pohlepni. Dolazili su u dodir sa drugim zemljama pre Velikog rata, a naročito tokom njega. Videli su raskoš velikih zapadnih gradova i zadivila ih je vidljiva moć novca, a nisu uvideli šta je u njoj lažno. Kada su se vratili kući, želeli su da se po svaku cenu obogate, ali ne velikim i poštenim radom. Prisetili su se svojih nekadašnjih turskih gospodara, pa su krenuli njihovim primerom u korupciju. I tako se u ovu zemlju, koja je nekad bila zemlja sušte čestitosti, uvukla odvratna korupcija, o kojoj ću kasnije duže govoriti jer je ona zarazila posebno one među vama koji se oholo nazivaju „inteligencijom zemlje". Tako ste obistinili Bizmarkove reči koji je, kada ga je neko upitao za mišljenje o srpskom narodu tokom Berlinske konferencije 1878. godine, rekao: „Ako u Srbiji sretnete čoveka koji nosi košulju preko pantalona, možete se u njega pouzdati. To je čestita i poštena ljudina. Ako, međutim, košulju upasuje u pantalone, on postaje lopuža".

Vi, koji pred bogatim i moćnim ugnjetačem niste hteli da ga odbacite, sada gubite taj ponos pred bogatstvom, pred novcem. Istina, nekadašnji duh još postoji na selu, ali u gradovima caruje novac. Koliko sam puta gledao kako se vaši najmoćniji ljudi klanjaju bogatstvu? Milioner, koji je za vreme rata mešao pesak i brašno i isporučivao ga vojnicima što su se borili i ginuli za vašu slobodu i koga je sud za to i osudio, danas je još bogatiji i svemoćan, a vi mu laskate. A prema meni, nekada bogatom, koji sam, pored budućnosti, žrtvovao i to bogatstvo, vaše vođe odnose se kao prema nametljivcu jer sam, radi vas, od sebe načinio novog siromaha. Eh, kad bih još imao ono bogatstvo, skidali bi mi šešir na udaljenosti od 500 metara!

Kada vam je zlato, tokom dugih vekova uskraćivano, najzad postalo dostupno, suviše vas je opčinilo, i zbog te opčinjenosti izgubili ste mnoge veoma plemenite osobine koje ste imali, a koje, uostalom, još srećemo kod ljudi kojima je dalek život vaših „intelektualnih gradova". Smatram da je, kod pojedinaca, neka karakterna osobina nestala pod tuđim uticajima, samo potisnuta i ona se ponovo može javiti. Ono što se dešava u pojedincu mora se dešavati i u zajednici. Zato sam ubeđen da se vaše dobre osobine, koje ste imali, ponovo mogu iskazati ako to iskreno želite.

Jedna od vrlina koja je kod mnogih među vama iščezla jeste zahvalnost. Postojala je, to dokazuju vaša stara narodna poezija i spomenici koje su ostavili vaši preci. Danas se ona sklonila među sirotinju. Ona se seća, ona iskazuje, ponekad na dirljiv način, svoju zahvalnost.

Postali ste strašno nezahvalni. Tako vaš glavni grad, Beograd, nekada grad-mučenik, ni dan-danas nema ni najmanji krst, ni najmanji kamen koji bi čuvao sećanje na žrtvu onih koji su vas oslobodili. Mnogi među vama su veoma bogati i nemilice troše da bi se istakli i iz zabave, ali kad valja pokazati zahvalnost prema onima koji su se žrtvovali, ništa ne daju, ama baš ništa. Vaše vođe nisu još, za ovih deset godina koliko je prošlo od završetka rata, svečano obeležile ni jedan od onih velikih događaja kojima dugujete slobodu i veličinu zemlje. Jasno je, takve svečanosti bi bile nezgodne većini vaših sadašnjih vođa zato što oni, dok vam je zemlja bila u smrtnoj opasnosti i kad se trebalo žrtvovati, ništa nisu učinili za nju, već su se samo brinuli kako da sklone na sigurno svoju dragocenu ličnost, čak su neki iskoristili nesreću otadžbine da bi se obogatili.

Šta ste učinili za svoje ratne invalide? Od svih zemalja koje su učestvovale u ratu vaša se najgore odnosi prema njima. Dok nekoliko stotina vaših bivših ministara, samoživih političkih profesionalaca, koji, u većini slučajeva, ništa nisu učinili za otadžbinu, već obilato napunili džepove, sređuju sebi isplaćivanje „penzija" koje vas koštaju nebrojenih miliona, invalidi vam mogu umirati od gladi.

A šta je sa vojnicima i oficirima koji nisu štedeli krv i zdravlje da biste vi bili slobodni? Jeste li postupali s njima kako to oni zaslužuju i kako vam dužnost nalaže? Ne! Mnogi, čak i najzaslužniji oficiri su penzionisani, a da im niste našli posao u civilstvu koji bi njima i njihovim porodicama obezbeđivao pristojan život. Isto tako ste postupali i sa vojnicima, a svu blagonaklonost sačuvali ste za štićenike trenutnih moćnika.

Verne prijatelje iz teških dana vaše vođe su, u znak zahvalnosti, ćušile nogom, a vi ste ih pustili da to urade. Tako ih Srbija, koja ih je imala mnogo u toku Velikog rata, danas više nema ili gotovo nema.

Bezmalo, reklo bi se da upravljačka klasa vaše zemlje mrzi one koji su učinili usluge vašoj otadžbini. U slučaju mnogih vaših sadašnjih moćnika to se može objasniti činjenicom da su ti dobročinitelji vaše nacije živ prekor onima koji ništa nisu dali svojoj zemlji, već su svoju pamet koristili samo da bi sebi pronašli lepo nameštenje i da bi se obogatili. No, zašto se drugi povode za njima ili im u najmanju ruku, dozvoljavaju da uvredljivom nezahvalnošću plaćaju učinjene usluge?

Da bi se opravdali, kada bih im to ponekad zamerio, rekli bi mi govoreći o meni: „Pa Vas smatramo svojim i tako s Vama postupamo".

Pre svega, bio vam onaj koji vam je učinio dobro sunarodnik ili stranac, dugujete mu istu zahvalnost. Nije ni časno ni plemenito obasipati počastima stranca, a loše postupati sa sunarodnikom. Međutim, vaši zvaničnici, ili oni koji bi to hteli da budu, ne odaju počast ni strancu. Oni se ili prave da ne znaju kakve im je on usluge nekad učinio ili ga vređaju ponižavajućim postupanjem. Ne odnose se prema njemu čak ni kao svom državljaninu, kako su mi odgovorili, jer mu, kad god nešto zatraži od njih, kažu da on kao stranac nema šta da traži. Ali, ako vaši upravljači i njihova svita rado ćuše nogom one koji su se dokazali kao prijatelji ove nacije, i to bez vašeg protivljenja, sve svoje osmehe zadržavaju za vaše neprijatelje. Sam bog zna koliko ste propatili u toku rata od Austro-Ugaro-Švaba, koliko su vam jadnu zemlju oni opustošili, opljačkali i na muke udarili, koliko su vam najbolje braće i sestara, izmrcvarili i pobili, zato što su bili rodoljubi. A danas vas te iste Švabe, isti oni nekadašnji Austro-Ugari, preplavljuju proizvodima i ljudima, a vi ih dočekujete raširenih ruku. Hiljade i hiljade Nemaca, Bečlija, čak i Budimpeštanaca mirno dolazi da kod vas stiče bogatstvo, a vi im to dopuštate. Predstavnike iste one Nemačke, koja vam je bila nemilosrdan neprijatelj i koja će to ponovo biti jednog dana, slavi „cvet" vaše prestonice koji se diči da je savremen. I dok vaši nekadašnji dželati nailaze kod vas na najlepši doček, pravite sve moguće teškoće pripadnicima naroda koji su pokazali delotvorno prijateljstvo u vašoj nesreći. Moji sunarodnici, Švajcarci, koji su prema vama bili pravi samarićani za vreme Velikog rata, tešku muku muče da bi kod vas dobili samo dozvolu za rad. A čitava švajcarska kolonija u Kraljevini SHS ima samo 160 članova, dok je broj vaših sunarodnika koji slobodno zarađuju hleb u Švajcarskoj 20 puta veći. Potpuno razumem da najpre želite da obezbedite hleb sunarodnicima, ali pre nego što naterate vrlo malobrojne prijatelje da osete koliko je nužna i žestoka borba za život, počnite da to primenjujete na hiljadama bivših neprijatelja koje nikada nećete uspeti da preobratite u prijatelje.

Bije vas glas da ste ksenofobi. Pravi srpski narod to nije. Obazriv je prema strancu, a ta obazrivost ponekad ide do podozrivosti. Nije ni čudo kad su vas tokom dugih vekova iskorišćavali strani ugnjetači. Ta obazrivost, pa čak i podozrivost nisu mane, nije to ksenofobija. Međutim, oni među vama koji bi hteli da se smatraju vladajućom klasom jesu ksenofobi i, što je još gore, ksenofobija im nije posledica preteranog nacionalizma, već nakaradne zavisti.

Ljubomorni su na od sebe obrazovanije, otmenije i naprednije strance. Nepodnošljivo im je kad moraju priznati da su ti ljudi iznad njih. Onda ih mrze, preziru, pa ako im se ne isplati da ih oteraju, iznalaze sve moguće načine da ih progone. Ipak bi im razum morao reći da nacije, na primer, francuske nacije ili švajcarskog naroda — odavno slobodnih naroda koji su slobodno mogli da se razvijaju — nužno moraju da budu naprednije od naroda koji je imao nesreću da ga vekovima ugnjetava okrutni tiranin. Tek od pre nekoliko decenija Srbija se mogla razvijati relativno slobodno, a uistinu je slobodna tek od Velikog rata. Svi koji je poznaju rado odaju priznanje velikom trudu koji je ona uložila u razvoj otkako je to mogla da čini. S pravom na to može da bude ponosna, ali, razumljivo, ne može očekivati da se, radom od nekoliko decenija, izjednači sa pregnućem koje je vekovima iziskivano od zemalja starih kultura.

Uostalom, ono što zovemo kulturom nije sve što čini vrednost nekog naroda. Prirodna moralna svojstva imaju u procenjivanju te vrednosti u najmanju ruku podjednaku ulogu. Elem, srpski narod ima moralna svojstva koja nadmašuju moralna svojstva mnogih drugih naroda. Iako manje prosvećen, mogao je, dakle, da pretenduje na neko dostojanstveno mesto. Nažalost, rđavim shvatanjem položaja svoje zemlje, a to pogrešno shvatanje izaziva njena ohola i nepoverljiva uobraženost, vladajuća klasa radi na obaranju tih moralnih vrlina srpskog naroda dajući mu loš primer.

Ta ljubomora kaste zvane „inteligencija” srpskog naroda ne iskazuje se samo prema strancima već i prema sunarodnicima. „Otmeno društvo” tako ne dozvoljava nekom svom članu da se izdigne iznad proseka. Svim sredstvima nastoji da prepreči put onome ko se osmeli i poželi da istupi iz njegovih redova. Ako je, pak, nemoćno da ga u tome spreči, progoniće ga spletkama, čak i kletvama. Stoga pravi intelektualci ove zemlje, a ima ih, i to mnogo, ne uspevaju u Srbiji, pa obeshrabreni napuštaju borbu. Zato i najznačajnija mesta u administraciji i drugde najčešće zauzimaju mediokriteti, čak i ljudi bez ikakve vrednosti. Zato vam je i politički kadar kukavan.

I pored svega zavist nije svojstvena srpskom narodu. On je ambiciozan, a hrabar narod i treba da bude ambiciozan, ali nije ljubomoran. Ljubomora je tekovina onog izrođenog dela stanovništva, dela koji čini „inteligenciju", kako se ona neopravdano naziva.

Ljubomora je uzrok jedne druge mane: nedostatka mere, preterivanja. Ta mana se iskazuje u ukusima, ne u radu. Istina je da se sa radom u Srbiji ne preteruje! Želite da se izjednačite s drugima, čak i da ih nadmašite, a preterujete podražavajući ih. Pogledajte svoje žene na ulicama. Nisu to više ljudska lica, to su veštačke, žestoko obojene maske. Londonski i pariski krojači lansiraju modu širokih pantalona. Da ih ne bi proglasili „sitnim provincijalcima", vaši mladići se odmah unakarađuju pravim smešnim suknjama. Vaša inteligencija ropski prati sva zastranjivanja i sve gluposti takozvanog savremenog života, i u tome još preteruje, bilo to u modi, slikarstvu, vajarstvu, sportu itd. Ti ljudi ne uviđaju da prosto postaju smešni u nastojanju da dostignu i prestignu druge kako bi zadovoljili svoju zavist. Potpuno gube iz vida da će odeća skrojena za nekog A veoma loše stajati nekom B, i obrnuto.

Ljubomora vaše „inteligencije" se dobro slaže sa začuđujućom površnošću. Ljudi vide samo spoljni sjaj, a sadržajem se ne bave. Trude se da dostignu taj veštački sjaj. Neki put u tome uspeju, jer je vaša nacija inteligentna i vrlo nadarena, ali taj veštački sjaj brzo tamni pošto ga ne održava prava snaga, koja dolazi iznutra. Površnost se pokazuje svuda, kako u običnom, tako i u intelektualnom životu. Na primer: videli ste u inostranstvu, u Francuskoj, Švajcarskoj, Engleskoj, lepe i dobro održavane hotele. Želite da idete njihovim stopama. Podižete zgrade gde kamen zamenjujete štukom, bogati nameštaj od tvrdog drveta furniranim tričarijama iz Beča. Lepo to izgleda dok je sasvim novo, ali ubrzo, budući da vi ni svoje zgrade lošeg kvaliteta ni bezvredni nameštaj ne održavate kao što to čini švajcarski, francuski ili engleski hotelijer sa svojim hotelom podignutim od dobrog materijala i nameštajem dobrog kvaliteta, spoljašnjost i unutrašnjost vašeg hotela postaje jednostavno bedna. Ili, opet: da ne bi izgledali inferiorniji od civilizovanih nacija, vaši „intelektualci" kupuju za velike pare nekakvu naučnu opremu. Oni se neće znati njome služiti ili će je prepustiti rđanju usled neodržavanja. Vaše Ministarstvo unutrašnjih dela ima „Tehničku službu", koju sam ja svojevremeno osnovao sa namerom da je malo-pomalo osposobim da vam bude od velike koristi. Pošto više nisam mogao da podnosim svakojaka zlostavljanja, naterali su me službenici i rukovodioci tog Ministarstva, da napustim to mesto; zamenio me je inteligentan čovek koji je od obrazovanja imao dva ili tri razreda gimnazije i podoficirsku školu. On je potrošio mnogo novca da bi kupio u Parizu i drugim mestima odlične instrumente i uređaje, a ne zna njima da se služi niti zna čemu služe. Stavio ih je u zastakljene ormare i od njih napravio izložbu nekorišćenih uređaja. To ga ne sprečava da trči na sve kongrese i da tamo pripoveda kako u službi kojom je zadužen da rukovodi, a ne rukovodi pošto je za to nesposoban, ima toliko najpoznatijih aparata. Nije to sprečilo ni vaše Ministarstvo unutrašnjih dela da toj službi, iako mu je savršeno poznata nesposobnost njenog šefa, godišnje dodeljuje značajan kredit za takve detinjarije. Zbog toga ih treba okriviti.

Površno je i naučno i univerzitetsko obrazovanje većine

vaš ih pravnika koji dolaze sa ovdašnjeg Univerziteta. Zar vi zaista mislite da napamet naučena skraćena umnožena predavanja, bez pohađanja nastave (u unutrašnjosti su ili obavljaju neki posao) mogu da zamene živu reč dobrog profesora? Zar vrednost univerzitetske nastave nije baš u tome što profesor, naravno pravi profesor, prenosi svoj način razmišljanja, svoj način razmatranja problema na učenike? Konkretne činjenice koje profesor izlaže mogu da se nađu u hiljadama knjiga, ali način na koji ih on obrađuje i objašnjava jeste jedinstven i ne može se zameniti knjigama. Kada student položi ispit, on praktično ništa ne zna. Njega će izgraditi sama praksa, i to pod uslovom da ga je profesor naučio na koji način da sagledava stvari. Ako on to ne zna zato što nije iskoristio uticaj svoga univerzitetskog profesora, on ne vredi više od bilo kog čoveka koji je napamet naučio paragrafe iz knjiga. Kad stupi u administraciju, on može postati samo loš činovnik.

Ta površnost vas navodi da precenjujete diplome, bar svoje, jer često iz zavisti nećete da priznate strane diplome. Uostalom, šta dokazuje univerzitetska diploma? Kao što sam već rekao, ništa drugo nego da njen vlasnik može pokušati, ako je inteligentan i vredan, da kroz praksu postane neko i nešto u struci. I zato, kao što sam već rekao, potrebno je da neposredno prima pouku nekog dobrog profesora. Diplome stečene ispitima položenim tako što su za tu priliku napamet naučeni paragrafi iz knjiga ništa ne vrede. Mnogo, maltene većina, diploma stečenih na Pravnom fakultetu vašeg Beogradskog univerziteta takve su vrste. Međutim, i te diplome otvaraju vrata svake službe. Svejedno vam je da li neki kandidat za neko mesto u sudskoj, policijskoj itd.

administraciji zaista vlada predmetom tog radnog mesta i da li je sposoban da valjano obavlja svoj posao. Dovoljno vam je da on ima diplomu i... da je pravilno politički obojen, o čemu ću kasnije govoriti. Vi, dakle, na položaje visokih policijskih činovnika želite da primite samo kandidate koji imaju diplomu pravnika, često bezvrednu univerzitetsku diplomu. Zašto tu diplomu? Ona u policiji nije baš neophodna jer se onih nekoliko paragrafa koje treba znati lako uči kroz svakodnevno vršenje dužnosti. A ono što se ne uči na pravnim fakultetima i što je policajcu preko potrebno jeste: tehničko poznavanje zanata, inteligencija, marljivost, ljubav prema poslu, moralna hrabrost, intuicija, posebna pronicljivost, hrabrost i poštenje. Čovek koji sve to ima postaće odličan policajac i ako nema (pravo) univerzitetsko obrazovanje. Za policijsku službu univerzitetsko obrazovanje nikako nije dovoljno, osim ako nije pravno. Ta služba, i to do najviših položaja, treba da bude dostupna svakom pametnom, vrednom i časnom čoveku koji ima onaj neophodni dar. Vašim ljudima iz policije sa diplomom uglavnom nedostaju talenat, marljivost i, što je najgore, često i poštenje.

Vaš čovek iz naroda, seljak, neiskvaren uticajem profesionalnih političara, nije podmitljiv. „Inteligencija” vam to jeste, i to od najsitnijeg činovnika sa ili bez diplome do ministra. Nisam lično poznavao vašu zemlju pre svetskog rata, ali su mi posmatrači kojima potpuno verujem tvrdili da su vam činovnici bili mnogo manje podmitljivi nego sada. Istina je da imate i opravdanje: viševekovna predstava turske istočnjačke podmitljivosti. To opravdanje međutim, nije dovoljno da bi se oprostilo preterano rašireno mito, koje često poprima sve oblike otimačine. U toku rata sam verovao da je onaj bugarski ministar na nekoliko meseci koji je za to kratko vreme postao milioner neka bugarska specijalnost i da su vaši ministri suviše veliki rodoljubi da bi se bogatili na račun države i zloupotrebom položaja. Bio sam naivan i uvideo sam da nema razlike između ministra na „ov", „ev" i nekog na „ić". Osim nekoliko retkih izuzetaka, gledao sam kako bezbrojne vaše ekselencije od siromašnih, čak bednih ljudi postaju milioneri. Hoćete li primere? Navešću vam neke najtipičnije.

Gospodin Stojadinović, inteligentan čovek, koji nije učestvovao u ratu uprkos mladosti i dobrom zdravlju, postao je ministar finansija. Kao takav, on odlučuje o sudbini vaših obligacija ratne štete, čija je nominalna vrednost od 1.000 dinara pala na 50 i manje zato što država nije plaćala kamatu. On je po neznatnoj ceni pokupovao ogromne količine tog papira i, kada ga je za sebe dosta zgrnuo, on, ministar, objavljuje da će se kamate isplatiti. Istog časa obligacija se penje na 250 dinara i više, gospodin ministar je postao multimilioner.

Gospodin Vukićević je bio običan profesor provincijske gimnazije. Pošto je postao političar i predsednik Vlade, danas poseduje dve velike zgrade u Beogradu, a sam bog zna koliko košta plac i podizanje takvih zgrada u glavnom gradu. Lazar Marković je sin vrlo siromašnog poštara. Tokom školovanja pomagali su ga neki imućniji građani. Gospodin poslanik i bivši ministar Marković danas je vrlo bogat, plaća stanarinu 12.000 dinara mesečno i nehajno uveče gubi hiljade dinara na kocki. Boža Maksimović, nipošto bogat kao ni žena mu, postaje poslanik i ministar. Odjednom postaje bogataš, a njegova žena sada isključivo u Parizu kupuje haljine, nameštaj i skupe sitnice za stan. A šta reći o Pašiću koji je vrlo skromnog porekla? Istina, venčao se sa ženom koja mu je donela nešto novca. Postao je jedan od najbogatijih ljudi u zemlji? A Velizar Janković? Zar verujete da je samo od poslaničke i ministarske plate mogao da postane truli bogataš kakav je danas? No, dosta je bilo primera, mogli bismo ih nabrajati u beskraj. Prilično je mučno o tome govoriti, jer su ti ljudi ličnim bogaćenjem pokazali da je njihova briga za opštu stvar bila samo sredstvo da bi se dokopali novca.

Ove neprijatne primere su, međutim, sledili svi činovnici od vrha do dna lestvice. Poslovni ljudi, strani industrijalci i posrednici, koji dolaze u ovu zemlju da bi uspostavili poslovne veze i ulagali kapital u ovdašnja preduzeća to znaju i, ako žele nešto da urade, prinuđeni su da daju mito, a to se uvek prihvata. Mogao bih vam navesti primere za to, i to mnoge, ali mislim da to nije potrebno, jer ih i sami dovoljno znate. Ministri, generalni direktori, rukovodioci službi itd. — svi oni jedu taj hleb koji ljudi od časti i dostojanstva ne bi ni probali.

Je li vas potrebno podsećati da vagoni robe često i ne polaze ako ih ne pokrene svežanj novčanica koje dajete šefu stanice ili višem činovniku nadležnom za odgovarajuću službu? A da se predmeti na carini i kod policijskog komesara odugovlače ako nema podstreka u vidu bakšiša?

Sve je to vrlo ružno i, mada se samo manjina odaje toj sramnoj navici, srozava ceo vaš narod u očima svakog čestitog čoveka. Kada se sudi o ponašanju sitnog činovništva, može se i naći olakšavajućih okolnosti u činjenici da je tako slabo plaćeno da je, radi preživljavanja, prinuđeno da potraži i dodatne prihode. Za vaše ministre, ljude iz politike itd. međutim, nema olakšavajućih okolnosti. Oni stiču bogatstva tim nečasnim putem, a na to ih navodi samo ljubav prema novcu ili taština i oholost kako bi mogli raskošno da žive i time potisnu u zaborav svoje skromno poreklo.

Razmotrimo sada posebno neke delove vašeg naroda i počnimo analizom onoga što vi zovete svojom inteligencijom o kojoj sam već u više navrata govorio.

O INTELIGENCIJI

Dugo vaš narod, inače tako bistar, nije mogao da zadovoljava žeđ za „znanjem" ili zbog teškog jarma koji vas je pritiskao, ili zbog nedostatka materijalnih sredstava jer je u ropstvu koje ste trpeli samo retkim izuzecima bilo mogućno da zarade dovoljno novca i plate luksuz da pošalju decu u inostranstvo, što je u to vreme bio jedini način da se steknu temeljnija znanja iz nauke, umetnosti, književnosti, tehnike itd. To se promenilo otprilike u poslednjoj četvrtini prošlog veka. Oslobođena turske vlasti, zemlja počinje da se razvija na komercijalnom planu. Sve više srpskih mladića odlazi u inostranstvo da se napaja iz izvora znanja koja kod kuće nisu nalazili. Međutim, još nije bilo velikog bogatstva. Država je često, putem stipendija, plaćala troškove tog naučnog obrazovanja. Stoga su materijalne mogućnosti srpskih studenata u inostranstvu najčešće bile skromne, vrlo skromne. Ti mladi ljudi su bili prinuđeni da u najkraćem vremenskom roku preuzmu i nauče ono najneophodnije. Učili su, upijali, ponekad i bez stvarnog razumevanja, znanje koje se predavalo mladeži drukčijoj od njih i čija je prednost bila duga naučna tradicija, što je nedostajalo mladim Srbima. Neki najdarovitiji, Slobodan Jovanović, Skerlić i drugi, ipak su uspeli, zahvaljujući izvrsnim ličnim sposobnostima i izvanrednoj inteligenciji, da usvoje i sadržaj i njegov duh. Međutim, kod mnogih drugih znanje je ostajalo knjiško i nije se spajalo sa duhom.

Štaviše, prinuđen da mnogo uči kako bi što brže usvojio

neophodna znanja, srpski student u inostranstvu nije imao vremena da posmatra čak ni život zemlje u kojoj je studirao, a takvo posmatranje je jedan veliki izvor opšte kulture. Ono malo slobodnog vremena koje mu je dozvoljavalo studiranje, provodio je sa zemljacima. Suštinska priroda zemlje u kojoj je trenutno živeo ostajala mu je nepoznata i on je od svega toga zapažao samo površne pojave. Naravno, u svakoj zemlji ima i dobrog i lošeg, a ljudska priroda je tako sazdana da na nju loš primer snažnije deluje nego dobar. Zato su vaši srpski studenti, pored usvojenih stručnih znanja, u svoju zemlju doneli uglavnom ono loše iz stranih zemalja koje su pohodili. Oni nisu shvatili niti su mogli da shvate da je ono što su zapamtili samo beznačajna slučajnost i da ne poznaju suštinu zemlje u kojoj su boravili. Ukratko, vraćali su se u zemlju sa izvesnim naučnim prtljagom, ali je njihove prirodne sposobnosti, nasleđene od svoje loze, manje ili više nagrdilo ono loše što su videli, a što nije ublaženo onim dobrim koje nisu ni opazili.

To je bio koren deformisanosti vaše „inteligencije". Kad ljudi iz grada steknu neko blagostanje i dođu u dodir sa profinjenijim životom, već po pravilu su skloni da sebe smatraju višim od ljudi sa sela, koji žive jednostavno i patrijarhalno. Bilo je još mnogo gore sa vašim mladim ljudima po povratku iz inostranstva. Sebe su smatrali superiornim. Prezirno su nazivali druge — one koji nisu imali univerzitetsku diplomu ili neki sličan papir — seljacima. A sebi su davali onaj smešni zajednički naziv „inteligencija". Ti ljudi siromašnog duha ne uviđaju da se istinska inteligencija ne stiče samo studijama, pa čak ni onim najvišim. Istinska inteligencija je prirodan dar i proističe i iz duha i iz srca. Obični seljak može da bude sto puta inteligentniji od univerzitetskog profesora sa pola tuceta diploma.

Oni koji su ostali u zemlji i pohađali Univerzitet u Beogradu, gde su predavali nekadašnji stipendisti u inostranstvu, brzo su pošli tim primerom. Žalosna posledica toga bila je što je sve više mladih gurano na studije, što je bilo najnepotrebnije poljoprivrednoj zemlji kakva je Srbija, umesto da su od njih stvarani poljoprivrednici znalci svog posla i vešte zanatlije koji bi mogli da prerastu u industrijalce. Umesto da sve više razvija osnovnu i poljoprivredne škole, svaki gradić je dobio „gimnaziju", a školovanje na univerzitetu je bilo besplatno, što nije slučaj ni u najdemokratskijim zemljama poput moje Švajcarske.

Inteligencija je postajala sve gordija i kod nje su se sve više gubila ona lepa svojstva vašeg naroda. Pre Velikog rata je ipak čuvala neke obzire. Još nije bila zarazila omladinu, pa je čak i univerzitetska omladina, budući članovi „inteligencije", još bila rodoljubiva. Mnogi mladi studenti su u vreme bitaka oko Čelopeka stupali u čete Babunskog i drugih. Moralni nivo inteligencije je, međutim, sve više opadao. Zato je najpreča briga inteligencije, kada je buknuo Veliki rat, bila da na sigurno smesti svoje pripadnike. Istina, ima i mnogo izuzetaka, ali oni koji su se izdavali za duhovne vođe nacije, po pravilu, nisu bili tamo gde im je bilo mesto po ulozi koju su sebi pripisivali: na čelu naoružanog naroda, da budu prvi koji će se žrtvovati. Ako ne bi uspeli da izbegnu služenje u vojsci, kopali bi i rukama i nogama kako bi se sklonili u pozadinu ili bilo kakvu komisiju u inostranstvu. Mnogo, premnogo univerzitetlija, „intelektualaca" — često rezervnih oficira —

bilo je u rovovima u Ženevi, Parizu, Londonu i drugim mestima. Zar Grolovi, Lazari Markovići, Belići, Radonjići, Bože Markovići itd. nisu shvatili da gube moralni ugled kod svakog čoveka poštena srca kome je poznato da njihovi vršnjaci istih godina, dok oni lagodno žive u Švajcarskoj, Francuskoj, Engleskoj, herojski umiru braneći otadžbinu na bojnom polju, na negostoljubivim planinama Makedonije i Albanije? Da bi se opravdali, govorili su da će njihova pamet biti potrebna Srbiji posle rata kako bi se obnovilo ono što rat bude uništio, pa da radi toga dobro čuvaju svoj život u skrovištu. Rđav izgovor. Ko je bio prevelika kukavica da ostane sa svojim narodom dok je u opasnosti i da se s njim žrtvuje ako bude potrebno, nema onog neophodnog uticaja u tome narodu kada opasnost prođe. Pravi narod dobro oseća da onaj koji ništa nije dao za otadžbinu nema nikakva prava na nju.

Mnogi imućni ljudi su sledili primer „inteligencije", ako ne radi sebe, ono bar radi sinova stasalih za pušku. Koliko je snažnih mladića pretrpavalo švajcarske, francuske i engleske univerzitete umesto da sa svojim ispisnicima bude u rovovima. Oni su činili buduću posleratnu „inteligenciju" koju je trebalo sačuvati za otadžbinu! Najčuveniji zabušant među tom budućom inteligencijom bio je Pašićev sin Rade. On je bio prava sramota za srpsku zemlju, a to je ostao i posle rata. Zar ne bi bilo mnogo lepše, čak i radi uspomene na oca da, umesto policijskog dosijea, sin najpoznatijeg srpskog državnika ima običnu kamenu ploču sa natpisom: Rade Pašić, poginuo na bojnom polju?

Već sam rekao da je među intelektualcima bilo mnogobrojnih izuzetaka. Lično sam poznavao nekoliko članova

Univerziteta koji su ispunili svoju dužnost, i to u potpunosti. Mnogi se nisu vratili. Lekari, koji su takođe intelektualci, često pravi, skoro listom su dali sve od sebe i smrt ih je znatno proredila. Oni su pružili lep primer. Gimnazijski profesori su isto tako imali mnogo svojih među borcima, srazmerno mnogo više nego oni koji su morali da daju najsjajniji primer: Univerzitet. Međutim, svi ti „intelektualci", advokati i sudije, na primer, koji su bili u redovima branilaca otadžbine, nisu se previše dičili pripadnošću „inteligenciji". Jednostavno, zvali su se rodoljubima. Naduvena „inteligencija" se tokom rata isticala kukavičlukom, a, što je još gore, neki intelektualci su iskoristili nedaće svog naroda za lično bogaćenje.

U drugim zemljama, i prijateljskim i neprijateljskim, „inteligencija" se odlično žrtvovala na bojnom polju ili se, ako nije bila sposobna da nosi oružje, satirala na pomoćnim ratnim poslovima. „Inteligencija" Srbije skoro ništa nije učinila za svoju zemlju i jedina joj je briga bila da svoje dragocene članove skloni na sigurno. Odgovarate mi da su vaši „intelektualci" brinuli o mladima u izbeglištvu, da su se bavili propagandom itd. Ma nemojte! Vaše univerzitetske profesore je država dobro plaćala za taj posao i tokom izbeglištva. A samo se nekoliko srednjoškolskih profesora posvetilo vaspitanju vaše izbegle dece. „Glavešine" Univerziteta su šetale s jedne školske proslave na drugu da bi tamo na rečima veličali junačko žrtvovanje vaših vojnika, žrtvovanje koje nisu hteli da dele, a koje im je služilo kao vlastiti pijedestal. A njihov propagandni rad? Neke dosadne knjige, i to brojne, lišene iskrenosti, pošto njihovi tvorci nisu učestvovali u onom natčovečanskom podvigu koji su hteli da veličaju pred saveznicima i neutralnim zemljama, knjige koje su, uostalom, malo ili nimalo čitali oni kojima su bile namenjene. Ko bi se u to junačko vreme mučio da čita, na primer, Belićevu „Makedoniju", knjigu koja sadrži maltene samo filološke i lingvističke rasprave? Delovanje Lazara Markovića u Ženevi bilo je, istina, uspešnije. Njegov list „Srbija" bio je dobro uređen i izvršio je dobru propagandu u nekim savezničkim i neutralnim sredinama. Međutim, tokom njegovog boravka kod nas u Švajcarskoj, posle povlačenja preko Albanije, čitaoci tog lista, prijatelji Srbije, često su mi postavljali pitanje: zašto Marković, koji tako patriotski piše u svom listu, a koji je mlad i zdrav, nije sa svojim vršnjacima u rovovima da brani otadžbinu?

Mada je sadržaj knjiga intelektualaca iz te inteligencije slabo čitan, oni su iz toga izvukli najveću ličnu korist. Ta pisanija su im poslužila da sebi pridaju značaj pred kolegama iz zemalja u koje su izbegli. Izdavali su se za predstavnike prosvećene Srbije. Kao takve su ih svuda primali, tetošili, odlikovali itd. Zar nije smešno i čak skandalozno videti krst Legije časti na grudima profesora zabušanata „za njihove ratne zasluge", dok ga nema na grudima najsrčanijih i najjunačnijih vojnika? Lazar Marković i dan-danas u inostranstvu važi za jednog od najistaknutijih ličnosti Kraljevine SHS zato što je sasvim spokojno i u potpunoj zavetrini radio u rovovima Ženeve dok je srpski narod preživljavao najteže dane.

Ne samo da vam je „inteligencija" dobro iskoristila žrtvovanje i odricanje naroda već je zahvaljujući pažnji i počastima kojima su je obasipali a koje su bile namenjene hrabrim braniocima Srbije — što je nije sprečavalo da ih prima na svoj račun — postala još mnogo gordija, naduvenija i zavidljivija nego pre rata.

Vrativši se u otadžbinu posle pobede, u kojoj nisu učestvovali, vaši intelektualci su težili da upravljaju svim poslovima. Seljaci, les selijaks, njima nisu ništa značili iako su činili ogromnu većinu u Srbiji, a vojnici, tvorci pobede, za njih su bili „prostaci", dobri da mlate neprijatelja i ginu, i ni za šta drugo.

Oni koji su ratovali i krvlju platili vašu slobodu tada su bili umorni. Uz to, u svom idealizmu, koji ih je održavao u najcrnijim danima iskušenja, verovali su u ljudsku dobrotu i zahvalnost. Odmorna, zahvaljujući zabušavanju tokom rata, „inteligencija" je iskoristila taj umor onih koji su gradili veličinu svoje zemlje. Delila je i spletkarila uz podršku velikog kontingenta sebi sličnih poreklom iz oslobođenih krajeva s one strane Save i Dunava. Tada je nastupilo besramno grabljenje važnih i unosnih položaja i raspojasani ples miliona predvođen „inteligencijom".

Inteligencija je uspela u tom poduhvatu pogubnom po zemlju. Istinske vrednosti srpskih zemalja, posebno one kojima vaša zemlja sve duguje, istisnute su. Inteligencija ljubomorno pazi da nove i poštene snage ne prokrče sebi put. Čim neku otkrije, udara je po glavi dok ne utone u blato. Inteligencija vam se bacila slepo u stranačku politiku, za koju je znala da će biti diktator zemlje. Koliko se univerzitetskih profesora i drugih intelektualaca ne kandiduje na svim izborima? „Inteligencija", kojoj ne nedostaje iskrivljena pamet uprkos pretvaranju i servilnom oponašanju svake loše „moderne" tekovine elite sa starijom kulturom savršeno uviđa da ne uspeva da se izjednači s njom zato što ona ima i stari fond stvarnih vrednosti koje ova ne poznaje. Zato iz dna duše i iz sveg srca zavidi svim obrazovanim strancima. Smatra da je ponižena i zbog tog poniženja sveti se strancima koji žive u vašoj zemlji. To je odvratna ksenofobija, jer u njenoj osnovi nije neko rodoljubivo osećanje, već ružno i maloumno samoljublje. Ako i nije preporučljiva, ksenofobija se u nekim slučajevima može oprostiti, i to onda kada proističe iz straha za dobro otadžbine. Ako je izaziva isključivo egoistična zavist, kao što je to slučaj sa vašom inteligencijom, onda je mrska i maloumna.

Naravno, pošto je vode niska osećanja, „inteligencija" kleči pred novcem. Što više novca ima neko, ma koliko ga nečasno stekao, to ga ona više uvažava i istovremeno mu zavidi. Kralj-novac gospodari vašom inteligencijom. Po njoj, čovek sve sebi može dozvoliti pod uslovom da ima mnogo novčanica u džepu. Čast je nepoznata vrednost na berzi „inteligencije". Častan čovek se smatra glupakom, a ceni se samo onaj koji lukavstvom ume da okrene događaje u svoju korist. Prirodno je da rodoljublje ne ide uz takva osećanja. Stoga ta lepa vrlina sasvim nedostaje vašoj „inteligenciji". Ono što ona u zgodnoj prilici hoće da podmetne kao rodoljublje samo je obična zavist prema drugima. Mnogi pripadnici „inteligencije" bi hladno žrtvovali slobodu, i opstanak svoje zemlje, ako bi to njima lično bilo od koristi.

Kao i sva nemoralna bića, i inteligencija se divi sili, čak i kada se najviše zloupotrebljava. To ju je navelo da se, posle rata, skoro odmah pomiri sa najgorim neprijateljima svoje zemlje, sa Nemcima. Samo deset godina posle poslednjeg topovskog pucnja, njih primaju kao povlašćene. To je razlog i što se inteligencija, koja se nije borila za svoju zemlju, najžešće okomljava na Italijane, koje smatra slabim — međutim, mogla bi da se prevari. Nije joj dovoljno ono što su borci svojim junaštvom doneli zemlji. Želi i delove dodeljene Italiji. Ne želi ih ona međutim, iz rodoljublja, već iz megalomanije i zavisti.

Ovim povodom, prijatelji Srbi, treba da vam otvoreno kažem svoje mišljenje u vezi sa sporom koji vas udaljuje od Italije. Odmah ću vam reći da ga smatram glupim i štetnim po vašu zemlju. Pre svega, Italija i Kraljevima SHS su susedi jedan drugom. Italija ima sve ono što vama nedostaje, a vaša zemlja ono što nedostaje Italiji. Ove dve zemlje se dopunjuju i, pošto su susedne, razmena je veoma laka. Međutim, one su jedna drugoj potrebne i iz još jednog razloga. Vama je zajednički neprijatelj, uprkos koracima koje danas čini, bio i ostao čovek sa severa — Nemac. Verujte, ništa on nije zaboravio. Čim ponovo postane dovoljno snažan, ujediniće se sa Austrijom, i udruženi će nastojati da povrate ono šta su izgubili. Njihov prvi revanšistički pohod biće prema jugu, prema Trstu i Tirolu. Tada ćete i vi biti ugroženi kao i Italijani. Oni neće sami izdržati, baš kao ni vi ako sami podnesete taj udar. Sa Italijanima ćete ga izdržati. Ne verujte obmanjivačima koji vam govore i neprestano ponavljaju kako je Italijan slab vojnik i da ćete ga lako savladati. Kada se uporedi sa junacima sa Kajmakčalana, Italijan iz Velikog rata možda nije uvek bio na visini zadatka, ali ne zaboravite da je armija heroja od 1912. do 1918. mrtva, a da je mladež, koja će morati da obrazuje nove branioce vaše slobode, veoma zaražena lošim primerima. Nemojte zaboraviti ni da je italijanska vojska u Velikom ratu bila mlada i da je predvodio korumpirani politički kadar. Velikom patriotskom snagom ona je danas preuređena. Duh je u Italiji promenjen. Drevni Rim je bio veliki osvajač zahvaljujući uzornoj vojsci. Istorija se ponavlja. Zašto Musolinijeva italijanska armija ne bi bila vredna koliko i ona stara Cezarova.

U novim područjima dodeljenim Italiji posle zajedničke pobede ima Slovenaca i Dalmatinaca, koji su vam braća po krvi. Polazeći od te činjenice, neki vaši zemljaci, a najviše ih je među onima koji su se borili za Austro-Ugarsku, popuju kako bi ta područja trebalo da pripadnu vašoj zemlji. Po tom principu međutim, izvestan deo vaše teritorije isto tako treba da pripadne drugima pošto i on obuhvata strane elemente. Ne, danas više nije mogućno postaviti granični kamen neke zemlje tamo gde živi poslednji njen izdanak. Zbog uslova savremenog života dolazi do razmene stanovništva, naročito na granicama, što stvara mešavinu podanika na obe strane granice. Sposobnost neke zemlje jeste u tome da koristi to granično mešano stanovništvo i gradi veze sa susednom zemljom. Zar stanovništvo iz oblasti Nice nije bilo i još nije najbolja veza izmedju Francuske i Italije? Zadovoljite se onim što su vam stekli slavno izginuli na Jadru i Ceru, Rudniku i Kolubari, Kajmakčalanu i koti 1212, na Redutu, Dobrom polju, ostrvu Vidu i Dobrudži. Kraljevski je to komad, vredan žrtava kojih je koštao. Dopustite junacima koji su s one strane granice da postanu dobri Italijani i da istovremeno ostanu veza između vaše dve zemlje.

No, da se vratimo „inteligenciji", sejačici razdora kada treba sjedinjavati. Ta inteligencija bi, da je to prava inteligencija, morala da bude na čelu onih čiji je zadatak da obnove zemlju posle godina iskušenja, trebalo bi da ona skladno uređuje saradnju sa vašom braćom nakon što su oslobođena zahvaljujući vašim ratnim žrtvama i da usmeri zemlju na put napretka, što bi bilo lako sa tako bistrim narodom i bogatom zemljom kakva je vaša. Njeno je bilo i da bdi kako se vaši običaji i dobre osobine, što je činilo vašu snagu, ne bi izgubili. Šta je ona međutim, stvarno učinila? Uništila je i srozala sve ono dobro što ste imali. Baš zahvaljujući njoj sve ređe se nailazi na onaj jednostavni, a ipak veoma uzvišen duh koji je omogućio vašem narodu da ostane netaknut uprkos vekovnom ugnjetavanju. Inteligencija vam je delovala poput buđi. Zarazila je sve što je s njom došlo u dodir. Ta trulež već zahvata i selo. Vaše kršne seljanke već znaju za šminkanje i svilene čarape. Pripazite dok ne bude prekasno!

Umesto da deluje pozitivno, vaša inteligencija je delovala negativno. Umesto da gradi, ona je razgrađivala. Ona je žarište truleži i iskvarenosti, od čega toliko trpite. Ako joj dopustite da nastavi, zemlja vam je izgubljena. Počistite kuću, pometite sve ohole i štetne marionete. Nemojte da vas zasene ljudi koji u suštini nemaju nikakvu vrednost, ali čiji je loš primer neizmerno opasan po duhovno zdravlje vašeg naroda. Ne klanjajte se više novcu do zemlje. Novac ne donosi ni sreću ni ugled. Može se on pošteno zaraditi i, ako ga vlasnik koristi da bi činio dobra dela oko sebe, poštujte takvog čoveka zbog njegovog rada i zbog načina na koji on koristi stečeno bogatstvo. To je dobar primer mladima. Novac međutim, može da bude i nečasno stečen i, nažalost, to je danas veoma čest slučaj. Budite gordi pred tim nečasno stečenim bogatstvom. Nemojte praviti nagodbe s njim tako što ćete laskati njegovom vlasniku.

Ne pružajte ruku milioneru koji je stekao milione mešanjem peska sa brašnom namenjenim vašim vojnicima koji su se borili za otadžbinu. I nemojte misliti da takvo vaše odbijanje neće biti delotvorno. Uješće to čoveka više nego što mislite, a to će biti dobar primer mladima i oni će uvideti da se beleg koji ostavlja nečasno stečeni novac ne može izbrisati sa ruke nepoštena čoveka.

Da vidimo kakvi su političari, od kojih su mnogi iz redova inteligencije i na koje se, prema tome, odnosi sve što sam upravo rekao.

O POLITIČARIMA

Vaša srednjevekovna istorija i junaštvo stvarali su od vas ratnički narod sve dok ste bili slobodni. Hajduci su u doba robovanja nastavili tu tradiciju. Zatim dolazi oslobađanje pod Karađorđem, i borba do konačnog oslobođenja. Kada je to postigao, vaš narod je, toliko naviknut na borbu, ako ne bi imao sporova sa spoljnim svetom, pokušavao da unutar zemlje zadovolji tu borbenost. Za to je našao načina u politici i odao joj se dušom i telom. Međutim, po starom običaju ratnika da se bore za vrhovnog vođu, unutrašnja politika je za vas bila strančarenje, to jest vezivanje za sudbinu neke ličnosti, vođe ili grupe. Sve dok su vas spoljni neprijatelji ostavljali na miru, svoje borbene potrebe ste zadovoljavali svađama političkih stranaka. Čim bi se neprijatelj pojavio na granici, zaboravili biste međubratske sporove i svi biste se suprotstavili spoljnoj opasnosti. Bili ste i ostali borci i eto zašto ste još i danas ogorčene političke pristalice koje se ne bore za ideje već za ličnosti, pristalice koje postaju rodoljubi tek u trenutku spoljne opasnosti. Setite se ratova od 1912. do 1913. i rata 1914. Kada je odjeknulo zvono za uzbunu, da li ste i dalje bili radikali, samostalci, liberali ili neki drugi partijaši? Ne, bili ste samo Srbi, i kao takvi ste veličanstveno izvršili svoju dužnost.

Vaš narod je, dakle, veliki ljubitelj političkih ili, bolje rečeno, stranačkih svađa. Dok su stranačke vođe i njihovi štabovi još bili rodoljubi — a, sudeći po svemu onome što sam pročitao i čuo, u to vreme su zaista bili — zlo još nije bilo naročito veliko. Istina, to nije pogodovalo brzom i mirnom razvoju. Uostalom, posle dugotrajnog robovanja kakvo je bilo vaše, nije se moglo tražiti od naroda koji je tek povratio slobodu da bude mudar kao ljudi koji su dugo živeli u njoj. Uz to, vaša tek vaskrsla država je uzimala za primer političke sisteme već prilično deformisane čak i u zemljama veoma stare i kontinuirane kulture. Najzad, rodoljublje je kod stranačkih vođa bilo još dovoljno delotvorno i sprečavalo ih je da svesno rade protiv interesa zemlje.

To se međutim, malo-pomalo menja. Sa sve nadmoćnijim stupanjem na vlast inteligencije, pojavljuju se ljudi koji shvataju kakva se lična korist može izvući iz vaše sklonosti za stranačku politiku. Oni stvaraju zanimanje od iskorišćavanja vaše stranačke politike, pa sada imate profesionalne političare koji na tome zarađuju za život. Ma, šta ja govorim — oni zgrću bogatstvo. Ako ste pre rata i imali političara koji su, u svom već strančarenjem iskrivljenom duhovnom sklopu, imali u vidu samo ono što su smatrali dobrim za zemlju, parlament vam je već bio preplavljen ljudima koji su samo tražili ličnu korist u tim političkim strastima. Trka za ministarskim položajima je bila počela! Vaša Skupština već nije bila izraz narodne volje. Tako su, tokom požara 1914. godine, koji će kasnije postati svetski, umesto da daju primer narodu kako se žrtvuje za otadžbinu, što im je bila dužnost, vaši mladi poslanici, kroz usta tipičnog poslanika-profitera Velizara Jankovića, rezervnog oficira, isposlovali da se hitno izglasa zakon kojim se poslanici oslobađaju od vršenja svoje dužnosti.

Skupština vaše zemlje, jedne od najjunačnijih u tom velikom ratnom obračunu, stvarala je parlament jedinstven u svojoj vrsti među svim zemljama učesnicama u ratu — parlament zabušanata. Neki poslanici, njih vrlo malo, pobunili su se protiv onoga što su, s pravom, smatrali sramotom za Srbiju. Oni će se pridružiti onima koji su se borili. Ti rodoljubi su bili Aleksa Žujović i Dragović, a nijedan nije pripadao inteligenciji.

A kakvu su ulogu odigrali vaši zabušanti iz Skupštine za vreme rata? Da li su bar pokušali da ublaže nedostatak hrabrosti i rodoljublja obavljanjem nekog korisnog posla isključivo za dobro zemlje i zaborave privatne i prezira dostojne stranačke interese? Nisu! Što je rat duže trajao, to su oni ponovo zapadali u stranačke svađe. Najpre u Nišu, zatim na Krfu, priredili su svetu kukavnu predstavu otimanja političara o ministarske fotelje dok im je otadžbina krvarila iz svih vena i dok im vojnici herojski umiru na bojnom polju. Bio sam na Krfu marta 1918. i tri sedmice sam gledao kako vam se političari žestoko bore za vlast izazivajući ministarske krize jednu za drugom. Zgadio sam se i stideo se za na bojnom polju neukaljano srpsko ime.

I ti čudnovati poslanici-zabušanti jedne ratničke i junačke nacije smatrali su da ostrvo Krf nije dovoljno udobno — a možda i nedovoljno sigurno — za tako značajne ljude poput njih. Kopali su i rukama i nogama da se Skupština sa Krfa premesti u Kan, gde bi, onako dobro plaćeni kao što su bili, mogli da vode još mnogo lepši život. Da, Skupština je bila potpuno beskorisna, bar posle povlačenja preko Albanije, kada je neprijatelj zauzeo celu Srbiju. Ako su, radi ugleda, želeli da je održe po svaku cenu, mesto joj nije bilo na Krfu, već u bombardovanom Bitolju. Nisam se ustručavao da to kažem vašim političarima na Krfu u martu 1918. „Pa, Bitolj je pod neprijateljskom vatrom i Skupština bi bila bombardovana", govorili su mi ti političari. „Pa, šta?", odgovorio sam im, „vojnici su vam tamo iako se grad bombarduje. Naravno, verovatno će biti gusto. Neki od vas će tamo možda poginuti kao što ginu i vojnici. Nije to međutim, veća nesreća od pogibije boraca. Naprotiv, život nekog nekorisnog poslanika danas je manje vredan od života najobičnijeg vojnika". Razumljivo, te im se reči, a bile su istinite, nisu mnogo svidele, baš kao što je ministar Velizar Janković bio neprijatno iznenađen kada sam mu rekao da je njemu, srpskom mladiću deset godina mlađem od mene, stranca, mesto u rovu, a ne u salonima hotela „Velika Britanija" na Krfu.

A vaši političari-strančari izbegli su u Ženevu, Pariz, Nicu, London itd!? Rat i nevolje vlastite zemlje ničemu ih nisu naučili. Nastavili su stranačke svađe u zemljama u kojima su našli utočište. Svojim domaćinima su tako kukavno prikazivali kako se braća međusobno razdiru. Istina je da političari nisu pridobili simpatije za srpski narod, već vojnici i seljaci koji su radije ginuli nego povijali glavu pred napadačem. Kada sam se, posle povlačenja preko Albanije i pre pridruživanja vojsci na Solunskom frontu, takoreći danonoćno borio za vas, i sam sam morao da trpim zbog njihovih spletki i kukavičluka. U stvari, mene, koji ništa nisam znao o vašim stranačkim borbama, pozvala je vlada sa početka rata da pomognem vašem narodu, vlada kojom je predsedavao Pašić. To je bilo dovoljno političarima-zabušantima iz stranaka suprotstavljenih Pašiću da me proglase „radikalom", čovekom koga treba tući i najpodmuklijim oružjem. Oni su to činili, pa su smislili i takvu grozotu da me potkažu saveznicima kao špijuna koji radi za centralne sile, i to mene koji sam sve žrtvovao za vaš narod! Srećom, saveznici su bili sigurni u mene. Dali su mi taj sramni dokument da ga čuvam u arhivi kao dokaz ljudske zlobe i nezahvalnosti. Bilo mi je teško, veoma teško kada sam uvideo da su ljudi iz naroda kojem sam sve žrtvovao sposobni za takav zločin, ali mi nije ni padalo na pamet da zbog toga okrivim ceo narod. Progutao sam tu gorku pilulu, prećutao sam i ipak nastavio da se žrtvujem za vas jer ste vi braća mojih veličanstvenih drugova sa fronta. Sada znate šta me je u toku celog života najviše zabolelo, a isto tako znate da su mi tu bol naneli vaši stranački političari.

Upravo su vaši stranački političari, ne bih rekao smislili, već prekomerno iskoristili i čuven slučaj oko „Crne ruke" na Solunskom frontu. Ta afera nije bila tako ozbiljna, jer ja danas više ne verujem u onaj navodni atentat na princa regenta Aleksandra. Danas sam ubeđen da su svaki delić tog atentata izmislili vaši političari. Slučaj se morao razrešiti između navodnih zaverenika i vojnih rukovodilaca. U to vreme sam predložio vašem vođi, tada princu regentu, da pozove okrivljene i da im održi sledeći govor: „Pripadali ste tajnom udruženju koje se bavilo politikom i koje je htelo da nametne svoje stavove narodu. Vi znate da je to protivno zakonu i da se vi, vojnici, ne smete baviti politikom. Morali biste da budete kažnjeni, ali smo u strašnim borbama. Pored toga, znam da vi volite otadžbinu. U ovom tragičnom trenutku po našu zemlju, ja neću da sami osuđujemo pripadnike vojske na kojoj počiva sva naša nada. Želimo da zaboravimo vašu grešku, ali vi idete na prvu liniju, hrabro se borite za ovu zemlju koja vam oprašta, a ako treba, i žrtvujete se za nju". Princ Aleksandar je bio voljan da tako postupi, ali su ga političari ubedili da su ugrožene sve slobode srpskog naroda i da treba prepustiti „pravdi", njihovoj „pravdi", da slobodno deluje. Plan im je bio tako dobro izveden da sam i ja u jednom trenutku poverovao da zemlji preti velika opasnost od „zaverenika". Kasnije sam međutim, uvideo da je „Crna ruka" bila samo rodoljubiva reakcija protiv diktature političkih stranaka i da su se one branile vrlo sumnjivim sredstvima. U Ženevi su čoveka koji je bio, možda, najnesebičniji i najiskreniji prijatelj saveznicima potkazali kao špijuna, u Solunu su naložili da se osude hrabri oficiri ratnici zbog zavere protiv bezbednosti države i protiv vladarevog života. To su postupci vaših stranačkih političara!

Treba li vas podsećati da se ti političari-strančari nisu zadovoljavali time što će skloniti sebe, već su iskoristili svoj uticaj da sklone svu svoju porodicu i prijatelje?

Čim se rat završio, vaši političari su pojurili da ponovo prigrabe vlast i upravljanje poslovima. Ni na pamet im nije palo da bi prve redove trebalo prepustiti onima koji su se žrtvovali za otadžbinu. Naprotiv, svim mogućim sredstvima su nastojali da sa značajnih položaja uklone sve veterane. Ovi su, pak, još bili previše umorni od natčovečanskih napora koje su uložili, pa su im to dopustili. Elem, političari više nisu znali ni za kakve granice svojih sebičnih ambicija. Bio je to ples ministarskih portfelja, koji su donosili bogatstvo onima koji bi ih se dočepali. Najbolji način da brzo postaneš bogat jeste da postaneš ministar!

Od rata do danas (1928), video sam najmanje pedesetak ministara i, s retkim izuzecima, svi ti ministri su se obogatili.

Kao što sam već rekao, svojevremeno se pričalo kako je bugarski kralj Ferdinand, da bi ga pridobio, jednog značajnog političara postavio za ministra na šest meseci, što je pomenutom političaru bilo dovoljno da kupi lepu vilu u jednoj od najlepših sofijskih ulica. Kod vas je međutim, dragi moji srpski prijatelji, sada još gore. Pogledajte kakvo je pravo kraljevsko imanje vaš ministar Ninčić stekao. Pogledajte mu kuće u gradu! Zar zaista verujete da je sve to plaćeno štednjom od imetka koji je Ninčić imao pre rata i od ministarske plate? A basnoslovno bogatstvo Stojadinovića, bivšeg ministra finansija, sina čestitog čoveka bez ikakvog bogatstva? A Boža Maksimović, pre rata samo sitni siromašni nameštenik koji je bez završenih studija? Da li je onu lepu kuću vrednu nekoliko miliona i onaj nakit i druge beskorisne stvarčice koje je njegova žena nakupovala u Parizu platio svojim novcem kad tog novca nije ni bilo? Pašić, kome je bavljenje politikom već bilo mnogo donelo, posle rata je postao jedan od najbogatijih ljudi u Kraljevini. A pop Janjić i svi ostali s ove i one strane Save i Dunava?

Ne, ti političari su iskoristili svoj položaj da bi se lično obogatili, ponekad i nimalo poštenim sredstvima. Time su pokazali da je njima politika samo sredstvo za brzo sticanje velikog novca.

Ne koriste međutim, samo političari-ministri politiku da bi se obogatili, već i obični političari-poslanici slede njihov primer. Među njima besni najsramnija korupcija, a odatle je zahvatila funkcionere koji zavise od političara. Mogao bih vam navesti desetine meni poznatih slučajeva potkupljivanja poslanika, ministara i visokih funkcionera mitom čiji iznos prevazilazi milion. Često bi mi se to zgadilo i žalio sam vaš narod što mu je sudbina u takvim rukama.

Ponekad bi se javno mnjenje ipak uznemirilo videvši neke slučajeve najočiglednije korupcije. Tada bi vaši političari-strančari osnovali skupštinske anketne komisije, koje nikada nisu dale neki rezultat zato što vukovi ne jedu jedni druge. Razne političke stranke su se silno međusobno vređale radi vlastite reklame, ali su se dobro čuvale da ne zabrazde duboko pošto su dobro znale da korupcija nije apanaža jedne stranke nego svih. Vaši političari-strančari su, dakle, mirno mogli i dalje da se bogate na račun pojedinaca i države. I grabili su obema rukama. Zar je čudno što je taj loš primer i nekažnjavanje podmićivača i podmićenih snažno delovao na službenike svih nivoa? Ja tako ne mislim i sada mi je sasvim prirodno što industrijalac ili trgovac, koji želi da vagon sa njegovom robom krene, mora da da pozamašno mito šefu stanice, što parničar koji želi da ubrza postupak mora da podmaže pisara i što onaj koji misli da dobije pasoš za putovanje u inostranstvo, ili stranac koji bi da dobije boravišnu dozvolu, mora da uvuče nekoliko novčanica među dokumenta koja predaje policiji. Jasno je da nimalo ne služi na čast vašoj zemlji, ali ti potčinjeni službenici samo slede primer koji dobijaju odozgo. I tim ljudima bi se moglo još mnogo lakše oprostiti nego vašim političarima i drugima. Opravdanje im je mala plata, jer vi vrlo slabo plaćate potčinjene službenike, čak i one više. Nasuprot tome, poslanici vam imaju veoma dobre plate, a često primaju i penzije kao „bivši ministri". Oni nemaju opravdanja.

Tako su vam političari iskvarili zemlju. Svuda su mi vaši stariji ljudi pričali kako je u njihovo vreme poveriocu bila dovoljna samo reč onoga koji uzima novac u zajam i da čak nije tražio ni priznanicu jer je znao da datu reč svi poštuju. Danas često ni najpropisnije izdata priznanica više nije dovoljna. Dužnik će ponekad pokušati da se izvuče i najnečasnijim sredstvima. Običaji profesionalnih političara prvo iskorenjuju vrline srpskog tla. A, na nesreću, političari su vam svemoćni. Politika se meša u sve i svuda upravlja. Ukaže li se neko mesto u vlasti, bilo ono važno ili osrednje, svejedno, o izboru ne odlučuju zasluge kandidata, već političke veze. Može on biti i najveći neznalica, najnečasniji čovek, ako je „štićenik" političara-strančara stranke na vlasti, pobediće i čoveka najkvalifikovanijeg i u stručnom i u moralnom pogledu. Kada se neki kandidat prijavi na konkurs za neko mesto u ministarstvu, ne pitaju ga: „Šta znaš? Šta si radio dosad? Šta si radio kada je otadžbina bila u opasnosti?", ne, pitaju ga: „U kojoj si stranci? Koji poslanik te preporučuje?" Posledice ovakvog načina rada su pogubne za zemlju. Funkcioneri su vam, po pravilu, najgoreg kvaliteta. Često nisu ni sposobni da obavljaju posao koji se traži od mesta koje zauzimaju. Onaj koji me je zamenio na položaju koji sam ja stvorio i za koji se traži najozbiljnije znanje i iskustvo bio je čovek sa samo dva ili tri razreda gimnazije i podoficirskom školom. Kao mlad učenik, pokušao je da pohađa trgovačku školu, ali je izbačen posle mesec dana zbog potpune nesposobnosti. Ni dan-danas on pojma nema ni o najosnovnijim stvarima. Vaši političari-strančari su se, ipak, usudili da postave tog čoveka na to veoma odgovorno mesto pošto je bio kum jednog tadašnjeg moćnika i pošto je u novčaniku imao članske karte dveju političkih stranaka: radikalne i demokratske. Kao što nije ni moglo biti drukčije, stalno je činio pravosudne greške, osuđivao nevine, a oslobađao krive.

Naravno, vaši političari-strančari žele da među činovnicima imaju samo ljude iz svoje stranke. Činovnik mora da bude njihov birač, i zahvaljujući uticaju i moći kojom raspolaže, mora mu doneti i glasove svojih potčinjenih. Njegovo znanje, poštenje i prošlost nemaju nikakvu ulogu ako političar-poslanik ili ministar smatra da mu može biti od koristi. Posebno dobro poznajem vašu policiju jer sam, na svoju nes-reću, neko vreme sarađivao s njom. U policiju su vam političari postavili ljude kažnjavane zbog krađe i drugih zlodela. Vaši policajci su, posebno u južnoj Srbiji, krali od naroda i otimali novac. Prijavio sam to vašim vlastima, ali ti policajci-zločinci, koji su istovremeno bili i strančari, nisu bili kažnjeni, a mene su toliko izvređali da sam bio prinuđen da podnesem ostavku. Istina je da među vašim policajcima ima i čestitih ljudi, vrlo čestitih i kvalifikovanih, i od njih bi se mogla stvoriti veoma dobra i veoma poštena policija. Ti dobri policajci međutim, nemaju nikakvog uticaja u vašem Ministarstvu unutrašnjih dela. Tamo gazduju partijci, često vrlo nepošteni, Stepići i njemu slični. To je loše, i to vam unazađuje narod, koji, kao, uostalom i svuda, sledi primer onih gore.

Vaši političari, a većina ih nikada ništa nije učinila za vašu zemlju, ne vole one koji imaju zasluga za vašu otadžbinu. Boje ih se jer su im oni živi prekor. Zbog toga nastoje da ih istisnu iz svega, i iz vojske i sa funkcionerskih položaja. Kad im se ukaže prilika, pokušavaju čak da ih srozaju u očima javnosti. Opasna je to igra jer će jednog dana vaš narod pomesti sve te partijske političare i vratiti one koji su se dokazali.

Vaši političari se grčevito drže parlamentarnog sistema pošto im on, zastareo i truo, najbolje služi ličnim ambicijama. Naravno, ako bi se danas primenio parlamentarizam kakav je bio zamišljen pre vek i po, bilo bi to nešto drugo. Izvorni parlamentarizam je bilo narodno predstavništvo gde je poslanik zastupao volju grupe birača, i to celu grupu, a ne samo one koji su mu dali glas. Bio je dužan da služi svima, a ne samo grupi sa posebnim interesima.

Da se razjasnimo. Poslanik je, dakle, čovek koga šalju građani nekog kraja kao svog opunomoćenika da raspravlja sa opunomoćenicima iz drugih krajeva zemlje o sredstvima pogodnim da se zajednica učini što srećnijom i, u okviru te zajednice, i područje koje zastupa. On je dobio ovlašćenje opštim glasanjem. Istina, nisu za njega svi glasali, ali je imao većinu, što je odlučilo o njegovom izboru. Posle izbora, on je opunomoćenik svih birača svog kraja i, kao takav, mora da štiti interese svih, a ne samo onih koji su mu dali glas. On sme da ima samo jednog šefa koji mu naređuje: taj šef mu je vlastita savest. Dužnost mu je da veoma ozbiljno proučava sva postavljena pitanja i sva predložena rešenja. Kada mu je ponuđeno rešenje u skladu sa ubeđenjem, on treba da glasa za njega, a ako ga, s druge strane, njegovo ubeđenje osuđuje, treba da glasa protiv. Ako prihvata naloge drugih, on izdaje svoje punomoćje.

Da li se tako događa sada u svim parlamentima, posebno u vašem, a ti parlamenti, navodno, zastupaju volju celog jednog naroda? Ni najmanje. Već od početka savremenog parlamentarizma, poslanici su se grupisali prema svom poimanju dužnosti i potrebama države. Te grupacije su obrazovale političke stranke koje nijedan Ustav — a Ustav je osnova države — ne poznaje. U početku su pristalice tih grupa ili političkih stranaka ulazile u njih jer su im se pogledi u vezi sa javnim životom zaista slagali sa pogledima ostalih članova grupacije. Ipak je, od samog početka, bilo i onih drugih koji su se vezivali za određenu stranku iz sebičnog računa. Parlamentarizam je trajao i menjao se kako je rasla homogenizacija u državama, kako su interesi ukupnog stanovništva postajali sve više zajednički i kako su se, time, programi različitih političkih grupa približavali. Postao je užasno sebičan, pa je sada odbrana vlastitih interesa preča od odbrane interesa čitave države. Parlamentarizam je istovremeno postao odskočna daska ambicioznim ljudima koji bi da stignu do visokih položaja. Pošto se ne mogu popeti glavnim stepeništem, da bi uspeli, koriste pomoćno i prolaze kroz kuhinju, pa u salon.

Svi parlamentarci, ili skoro svi, danas pripadaju političkim strankama, pa su one postale krajnje moćne. One su pre svega zavele gvozdenu disciplinu u svoje članstvo kako bi ga dobro držale u šakama. Ni jedan jedini poslanik, koji pripada nekoj stranci, ne sme da glasa onako kako mu nalaže savest. Glas mu određuje stranka, a stranka ima u vidu samo jedno: da se održi na vlasti ako je ima, ili da do nje dođe ako je nema. Nijedan ministar ne može da izvrši neku reformu koju smatra neophodnom ako mu to ne odobri stranka. Stranka ima predsednika, koji, često, ima mnogo više stvarne vlasti od samog šefa države. Budući da se programi mnogih stranaka, a većina naroda ih ne zna, danas približavaju jedni drugima toliko da se razlikuju samo po nekim pojedinostima, borba između stranaka se izrađa, a povrh svega, i u borbu ličnosti (vođa). Vođe su zaštićene nekom vrstom izvršnog odbora i kluba u kojem su svi poslanici iste boje. Oni na ove uvek imaju veliki uticaj, ali te institucije skrivaju pred zemljom njihovu ličnu vlast. To su privatne tvorevine bez odgovornosti, koje, uostalom, Ustav i ne poznaje, one nalažu poslanicima kako da glasaju i upravljaju radom ministara. Ti klubovi su pravi „sovjeti" u zemlji koja, s pravom, ne želi da prizna i sledi Sovjetsku Republiku, bivšu Rusiju. Vođe političkih stranaka su postali pravi diktatori, ali umesto jednoga njihova zemlja ih ima koliko ima i političkih stranaka.

Posledica svega toga je da se o zakonima itd. ne raspravlja i ne glasa u parlamentima sledeći potrebe država i nacija, već interese političkih stranaka. Nije potrebno ukazivati kakvu opasnost to predstavlja. Po izvanrednom prirodnom bogatstvu, vitalnosti i snazi stanovništva — a ne „inteligencije" — što je došlo do izražaja u dešavanjima u Velikom ratu, Kraljevina SHS bi danas morala da bude, ako ne na čelu cele Evrope, bar na čelu zapadnog dela ovog kontinenta. Zbog borbi političkih stranaka sada je jedna od najslabijih.

Ako parlamentarizam nastavi ovako, a nastaviće, on velikim koracima juri u propast, a sa sobom će povući i države kojima bi trebalo da služi. Ako se proceni da ga treba zadržati, a ne zameniti nekom novom institucijom bolje prilagođenom savremenim zahtevima, biće ga potrebno suštinski reformisati, a poslanicima vratiti prvobitnu dužnost: da budu samo glasnogovornici celokupnog stanovništva jedne oblasti čiji se najviši interesi stapaju sa interesima čitave nacionalne zajednice; da ne budu ni u čijoj drugoj službi već u službi sopstvene savesti.

Smatram međutim, da je nemoguće obnoviti tako trulu

ustanovu kakva je parlamentarizam. To je starac nagrižen boleštinama. Valja ga zameniti nekom novom i čistom snagom iz onog zdravog dela nacije. Nadmetanje među narodima će biti sve strašnije kako se uvećava stanovništvo i ne dozvoljava samozavaravanje utopijama od kojih su se mnoge loše pokazale. Tako je propao i onaj „veliki princip opšteg prava glasa". Bila je to veoma lepa zamisao, ali je njegova primena pokazala da ono ne postoji i da ne može postojati. Pogledajte šta se dešava kod vas i kako se sprovode izbori. Ili kandidati plaćaju piće, dele novac i obećavaju brda i doline kada postanu poslanici, ili pak policija silom, hapšenjem i svim drugim oblicima zlostavljanja nameće zvaničnog kandidata vladajuće stranke. I to se naziva „opštim pravom glasa"! Kakva sramota!

Tri četvrtine stanovništva traži samo mogućnost mirnog života i da ima ono najneophodnije za život. Njih ni najmanje ne zanima politika i samo traže da se zemljom dobro upravlja. Svejedno im je da li će ta vlast biti diktatura ili bilo šta drugo pod uslovom da im se dopusti da mirno zarađuju za život. Ipak, stalo im je do zastave, koja simbolizuje jedinstvo zemlje, a ta zastava kod vas jeste kralj. Oni ne traže ništa više, a gadi im se cigansko pogađanje vaših političara.

Danas-sutra ćete sigurno izbaciti sve svoje poslanike-strančare i parlament zameniti nečim prilagođenijim savremenom životu i manje korumpiranim. Život savremene države može da se uporedi sa životom velikog modernog industrijskog preduzeća. Da bi živela, savremena država mora da izvozi kako bi imala novca da kupuje od drugih ono što nema a što joj je neophodno. Stoga se mora organizovati kao i svako industrijsko preduzeće. Kao i ono, ona mora da ima direktore, a to su ministri, generalni direktor je njen šef države, a administrativni savet sada predstavlja parlament, ali ga loše predstavlja pošto su parlamentarci suviše brojni da bi mogli delotvorno da rade — iskustvo je, naime, pokazalo da se manje radi ako više ljudi učestvuje u nekom poslu.

Imaćemo, dakle, reduciran „upravni odbor", koji će zameniti pokojnu Skupštinu, od, recimo, 25 članova. Vaši direktori, bivši ministri, biće stručnjaci u svojoj oblasti, baviće se samo njome i neće se mešati u stranačku politiku. Oni će biti prvi funkcioneri u svom resoru i, kao i u industriji, ako budu sposobni i ne učine nešto što pada pod udar zakona, ostaće na tom mestu dok im to godine dozvoljavaju ili dok ne podnesu ostavku iz ličnih razloga. Biće to, dakle, kraj onoj „ministarskoj odgovornosti" koju bi bilo bolje nazvati „odgovornošću političkih stranaka". Biće to kraj i onom ludilu izmišljanja ministara kada pop postaje ministar saobraćaja kako bi pokretao lokomotive uz pomoć svete Marije i gurao vagone zajedno sa svetim Duhom, ili, pak, lekar-dentista ministar pošta kako bi lečio zupce iznad vinjeta na poštanskim markama. Ministar saobraćaja će biti inženjer železnice, ministar finansija bankar, poljoprivrede poljoprivredni stručnjak, a ne neki advokatić koji o tome nema pojma, ali je zato veliki strančar. Smanjićete broj ministarstava, koji je neverovatno uvećan kako bi se strančarima stvorili veliki prihodi i moćan položaj. Ova mera će odmah zaustaviti trku za portfeljima, što je sada glavna preokupacija vaših političara-strančara.

Kada ministru-direktoru bude potreban zakon da bi dobro upravljao granom delatnosti zemlje koja mu je poverena, on će izraditi predlog i predati ga „administrativnom savetu", koji možete nazvati kako hoćete: državni savet, senat itd. Ako predlog prihvati većina u savetu, kralj će potpisati dekret o njegovoj primeni, a odgovarajući ministar će taj zakon primeniti. Ako neki delovi još ne budu dorađeni, savet će vratiti predlog dotičnom ministru da unese potrebne popravke. Ako se proceni da je potpuno neprimenljiv ministar će uraditi drugi predlog. Međutim, ako odbor odbije neki zakon, to nikako neće biti razlog za smenjivanje ministra.

Pitate me ko će biti u tom savetu? Odgovoriću: najbolje glave nacije koje su, istovremeno, pošteni rodoljubi. Taj savet treba da čine predstavnici svih delatnosti u zemlji: seljak, radnik, gazda, industrijalac, zanatlija poslodavac, predstavnik slobodnih profesija, naučni radnik, bankar, trgovac, vojnik itd. Ako u međuvremenu ne počine nešto što pada pod udar zakona, ti ljudi će biti izabrani do starosne granice ako, iz ovog ili onog razloga, pre toga ne podnesu ostavku. One koji dosegnu starosnu granicu, umru ili podnesu ostavku zamenjuju drugi iz iste grane delatnosti. Radi predlaganja „savetnika", u svakom srezu zemlje — sadašnji srez približno odgovara departmanu u Francuskoj ili kantonu u Švajcarskoj — uspostavlja se predstavničko telo za svaku delatnost koja ulazi u „administrativni savet". Na primer, umre „zanatlija" iz saveta. Predstavnici ili delegati zanatlija svakog sreza tada predlažu kandidata koji može da bude i često će biti jedan za više srezova. Članovi saveta će, vodeći računa o napomenama koje o predlogu istog kandidata da više srezova, pristupiti izboru jednog od predloženih kandidata glasanjem prostom većinom.

Takvim načinom predstavljanja i biranja ubićete ono

strašno zlo kakvo je za vašu zemlju stranačka politika i strančarenje. No, još jednom kažem, pazite da taj savet nema više od 25 članova ako želite da on deluje, i to da deluje za čitavu zemlju, a ne za interese nekih.

Znam da ćete, čitajući ovo što vam predlažem, povikati: „Pa, ovo je antidemokratski, ovo je diktatura itd!" Jadni moji prijatelji, zar zaista mislite da je sadašnji parlamentarizam demokratski? Mislite li da je diktatura partija demokratska? Zar mislite da je cilj većine parlamentaraca da što je moguće više stavi novca u svoj džep i u džep svojih saučesnika demokratski? Ako ste iskreni prema sebi, vi dobro osećate da se reč „demokratija" izuzetno zloupotrebljava. Istinska demokratija jeste da svaki građanin slobodno može da razvija svoju delatnost, pod uslovom da ona ne šteti zajednici, i da tako zarađuje dovoljno za dostojanstven život. Kazao sam „slobodno" i molim vas da ne brkate, kako se to danas obično čini, slobodu i raspuštenost. I sloboda ima granice, pa kad se one pređu, zapada se u raspuštenost, koja je u bliskoj srodnosti sa anarhijom.

Takvu istinsku demokratiju će sigurno mnogo bolje obezbeđivati savet od 25 najmudrijih ljudi nacije, nego Skupština koju je napunilo 300 nekih ludaka, skorojevića, mutivoda, sebičnjaka i podmićivača, za koje je početak i kraj demokratije u njihovoj ličnosti.

Među vašim političarima koje sam upoznao bilo je ljudi koji su mogli da budu veliki državnici da su zaista bili rodoljubi bez računa, predani opštem dobru i hrabri. Najbolji primer za to je Nikola Pašić. Taj čovek je, javno priznajem, mnogo učinio za vašu zemlju. Sigurno je jedan od onih vaših državnika koji su najviše učinili. Međutim, on je to učinio zato što su mu se lični interesi poklapali sa interesima zemlje. Da su mu interesi bili suprotni, on bi svoju veliku inteligenciju — u velikom delu satkanu od lukavstva i spontane intuicije — koristio protiv vas. Pogledajte, sin običnih i siromašnih seljaka ostavlja jedno od najvećih bogatstava u ovoj zemlji. Elem, čovek koji se preda samo opštoj stvari, a Pašić je tokom celog života bio samo političar, i kome je na pameti samo ta opšta stvar ne bogati se, naprotiv — on žrtvuje i ono sto je mogao imati. Borba za neku ideju, ideal košta. Znam nešto o tome. Odbrana vas koštala me je svega što sam imao: bogatstva, položaja, budućnosti. Reći ćete mi da je žena Pašiću donela lep miraz. Šta je međutim, taj miraz u poređenju sa onim što je on ostavio posle smrti? Slamčica i ništa više. Da je Pašić zaista bio veliki i pošten čovek, kako bi neki hteli da ga predstave, posle njega bi našli samo ženin miraz, a bilo bi čudno da i on bude potpun jer su Pašić i, pogotovo, njegovi živeli na visokoj nozi, a dugovi sina, koje je otac plaćao, sigurno su nadmašili miraz gospođe Pašić. Uz to, zaista veliki čovek se gnuša druženja sa pokvarenjacima. On u svom okruženju traži ljude koji su mu moralno slični, znači poštene i nesebične ljude poput sebe. A Pašićevo okruženje?! Ljudi siromašna duha, ali korumpirani. Profiteri i mutivode kojima je dozvoljavao da se bogate pod uslovom da služe njegovim interesima. Pa ona neverovatna Pašićeva slabost prema nedostojnom sinu... Za vreme rata Pašić ga je, a već je znao za izopačenost svog potomka, sklonio pod izgovorom nepostojeće bolesti. Čovek koji je na položaju političkog vođe jedne države u ratu morao je održati sinu sledeće slovo: „Ti si mi sin jedinac. Mesto ti je među onima koji prsima brane zemlju koja mi je poverila svoje interese. Kažeš da si bolestan. Nije važno, čak i da si na samrti, moraš da budeš među braniteljima otadžbine. Idi i izvrši svoju dužnost! Ako to ne učiniš odričem te se i nikada te više neću videti!" Međutim, umesto da mu održi to slovo, Nikola Pašić je dopustio sinu da banči po Parizu i da na Krfu svojom raskošnom limuzinom pregazi srpske junake koji su se izbavili iz neprijateljskih planina Albanije. Pašić je bio realista i mislio je da su svi ljudi kao on. Tako, kada mu je jedan zajednički prijatelj prigovorio što je loše postupio prema meni, odgovorio mu je: „Pa, šta hoće taj čovek? Tri puta sam mu nudio novac, a on je odbio?" U tom odgovoru se sadrži sav mentalitet tog državnika koji mi je 1917. godine rekao: „Ne možete da nas napustite, potrebni ste nam. Znam da je to za vas ogromna žrtva. Žrtvujte sve! Nećete zažaliti. Posle rata ništa nećemo moći da vam odbijemo". A kada su me intrige i prljavštine zabušanata iz Ministarstva unutrašnjih dela i to mene koji sam sve svoje poklonio vašoj zemlji — prinudile da podnesem ostavku i tako izgubim skromnu platu, isti taj Pašić je odbio da me primi. Istina je, po onome što je učinio za vašu zemlju — iz računa ili ne — Pašić je bio veliki čovek, ali je imao vrlo malo srca.

Stari Pašić je poslužio kao primer vašim današnjim političarima-strančarima. Oni su se oblikovali prema njemu. Stvorio je te bezobzirne političare, profitere koji državu često smatraju kravom muzarom čijim se mlekom hrane. Lično je on uspostavio taj sistem zasnovan na nezahvalnosti koji je toliko zla naneo i nanosi vašoj zemlji. Vaši državnici više zaista ne znaju za zahvalnost, jednu od najvećih vrlina svakog naroda.

Evo, u ovo vreme (1928), vi takoreći više nemate prijatelja u svetu. Imali ste ih mnogo, i to najuticajnijih, tokom rata, posebno u početku. Međutim, vaše Ministarstvo spoljnih poslova, vaša „Žuta kuća", čija je briga bila da neguje prijateljstva, samo bi ćušilo te prijatelje nogom čim bi pomislilo da mu više nisu potrebni. To je dovelo do toga da ti ljudi prvo izgube zanimanje za Kraljevinu SHS, a onda se, privučeni njihovom predusretljivošću, okrenu vašim neprijateljima. Da ste u vreme nedavnih poteškoća sa Italijom još imali njihovu naklonost, Italijani se nikada ne bi usudili da urade ono što su uradili.

Vaši političari-strančari su učinili, ako se ovo nastavi kao sada, da ponovo izgubite zemlju stare srpske kulture, Makedoniju ili kako se to danas kaže, Južnu Srbiju, koju ste povratili žrtvovanjem najboljih sinova otadžbine. Kada je srpska vojska — i to samo vojska — oslobodila tu kolevku Srbije, našla je tamo zemlju u kojoj je skoro svaki kamen zaista bio pun sećanja na nekadašnju srpsku veličinu, ali je tamo zatekla i stanovništvo koje je zbog pretrpljenog dugovekovnog ugnjetavanja postalo nacionalno bezlično. To stanovništvo je tražilo samo jedno: da najzad slobodno i u potpunoj sigurnosti zarađuje hleb. Nacija koja bi joj učinila to dobročinstvo za deset godina bi ga asimilovala, pa makar bila i kineska. Na svu sreću oslobodila su ga braća. Vojska je izvršila zadatak u potpunosti. Ostalo je sada na vladi, političarima i poslanicima da izvrše svoj zadatak i da renacionalizuju tu ponovo nađenu braću koja su zaboravila svoju nacionalnost. U čemu se sastojao taj zadatak? Naprosto, u sledećem: da mudrim upravljanjem, koje bi vršili najbolji činovnici, pokažu da je stanovnicima Južne Srbije prednost što su ponovo sa svojom braćom, da te iste stanovnike navedu da ponovo zavole pronađenu otadžbinu otkrivajući im sve ono što je lepo i objedinjavajuće u toj zajedničkoj otadžbini.

Šta su međutim, uradili, vaši političari? Upravo suprotno. Poslali su u Južnu Srbiju sve ono najgore među činovnicima, bezobraznike i lopove. Povrh svega, oni nisu ni pokušali da od Makedonaca načine Srbe ili Jugoslovene, kako se sada kaže, već su od njih hteli da stvore pristalice političkih stranaka. Lepili su na leđa tih ljudi, koji su tražili samo mir, etikete radikala, demokrata itd. i u tu zemlju, koja im je morala da bude sveta, preneli svoje odvratne stranačke borbe. Nije im bilo mnogo važno da li su ti novi članovi iskreni i da li je njihovo stupanje u stranku samo ujdurma nacionalnog neprijatelja. Bile su im potrebne njihove „kuglice". Makedonci su ljudi kao i drugi i sigurno su pametni kao i ljudi iz Stare Srbije. Oni su zato shvatili igru vaših političara, vrlo prljavu igru, pa se u njima začeo veliki prezir prema vama. U svakom značajnijem kraju Južne Srbije vaši partijci su, umesto da okupljaju to stanovništvo oko nacionalne zastave u nekom „narodnom domu", podigli najlepše zgrade „radikalskog" i „demokratskog kluba", pa tako uneli i u tu iskupljenu zemlju ne slogu, već neslogu.

Treba li se onda čuditi što ljudi iz Južne Srbije nisu naučili da vole tu zemlju koja je bila njihova i koja je ponovo morala da bude njihova? Ne treba, zar ne? I zaista, većina Makedonaca vas ne voli i ne može da vas voli. Bili su, istina, blizu toga 1918. godine, pošto su iskusili bugarsku vlast za vreme okupacije. Vaši političari su međutim, sve pokvarili. Pošto nisu našli kod Srba ono što su želeli, sada mnogi Makedonci to traže na drugom mestu, bugarska propaganda je vešto isturila parolu o autonomiji Makedonije, zavela ih tom idejom, pa bi hteli da je ostvare. Pošto je vreme učinilo svoje i donelo zaborav, neki i sada veruju da im jedino Bugarska može doneti miran i spokojan život za kojim su žudeli tolike godine. Zbog toga delovanje bugarskih komita ne nalazi samo naklonost kod mnogih, već i pomoć, što omogućava Protogerovovim razbojnicima da i sada uspešno dejstvuju u toj zemlji.

Nisu vam tako političari-st--rančari samo otuđili naklonost braće iz Južne Srbije nego su omogućili da se ponovo otvori makedonsko pitanje na međunarodnom planu. Kao što dobro znate, tako su bugarska propaganda, ali i vama suprotstavljeni interesi, stekli simpatije za bugarsku Makedoniju u mnogim velikim zemljama: u Engleskoj, pogotovo u Americi, ali donekle i u Francuskoj. Buknuli su balkanski ratovi, pa, još žešće, svetski rat, u kojem je Bugarska u taboru neprijateljskom saveznicima Antante. Posle pobede Nejski mir ponovo dodeljuje Južnu Srbiju Srbiji jer saveznici, iz pristojnosti, nisu mogli da postupe drugačije. Prihvata se, dakle, da makedonsko pitanje više ne postoji, ali uz obećanje da će se pratiti razvoj situacije i da će prvom prilikom to ponovo doći na dnevni red. Da vam je vlada postupala kako treba i da je u potpunosti asimilovala to stanovništvo tako da delovanje spolja ne bi više delovalo na njega, 10 godina posle rata željena prilika za intervencijom bila bi konačno izgubljena. Međutim, kako sam to već pokazao, vaši stranački političari su sprečili tu asimilaciju, pa vam bugarofili iz Engleske, Amerike i drugih zemalja kažu: „Tokom ovih deset godina ste pokazali da ste nesposobni da asimilujete makedonski živalj, za koji tvrdite da je vaš. Time ste dokazali da to nije istina i da on nije vaš. Vratite tu zemlju onima koji su Makedoncima prava braća, vratite ih Bugarima”. Vaši političari su tako ponovo opasno otvorili makedonsko pitanje, pa ćete, možda, zahvaljujući njima biti prinuđeni da se još jednom borite za Južnu Srbiju, a bog zna da li biste pobedonosno mogli da izdržite taj novi udar budući da su vam ti isti političari otuđili prijatelje.

Evo još jedne pojedinosti vrlo svojstvene vašim političarima-stančarima, koju, uostalom, obično srećemo kod ljudi uzdignutih na položaj koji im ne pripada. Kada stignu do ministarskog položaja, vaši političari postaju toliko oholi da je to skoro smešno. Merilo da je neko pravi državnik jeste da on nikada ne propušta da bude pristojan prema svima. Elem, kad postanu ministri, naklonošću svog kluba ili sovjeta, vaši političari-strančari smatraju da ne moraju da budu pristojni ni prema kome osim prema onima koji imaju mnogo novca. Oni ostavljaju najzaslužnije ljude da satima čekaju u predsoblju i često ih posredstvom šefova kabineta otpravljaju pod izgovorom da su pretrpani poslom. Istaknuti stranci, čije bi prijateljstvo bilo vrlo korisno vašoj zemlji koji su se pomučili da posete vaše rukovodioce, često nisu bili ni primljeni, pa su zbog toga poneli u svoju zemlju loše mišljenje o vašim ljudima i to mišljenje nisu skrivali. Mnogi vaši diplomatski neuspesi posledica su neljubaznosti i onoga „baš me briga” rukovodilaca iz „Žute kuće”. Činovnici, naravno, oponašaju rukovodioce i sasvim zaboravljaju da su oni tu radi naroda, a ne narod radi njih. Skoro svuda po javnim službama vlada taj neprijatni duh po ugledu na visoke rukovodioce, ministre, i to još naglašeniji. Bilo to pošta, policija ili onaj famozni „Biro za štampu” Ministarstva spoljnih poslova — gde bi vanredna ljubaznost morala da bude strogo obavezna — svuda ljudi nailaze samo na činovnike koji smatraju da je pristojno i predusretljivo ponašanje sa ljudima ponižavajuće.

Eto, dragi moji srpski prijatelji, to je mala skica vaših političara kakve sam ih ja video otkako sam u vašoj zemlji. Ona nije potpuna, daleko od toga, ali ovo što sam rekao je dovoljno da shvatite ostalo. Uz „inteligenciju", i političari su uzrok što vam je država u nimalo zadovoljavajućem stanju. Njihov primer deluje na narod. Stari, poštovani i čestiti običaji se sve više gube i ustupaju mesto pobesnelom samoljublju, razuzdanom snobizmu i sve većem nemoralu. Krajnje je vreme da se tome stane ukraj i da se pomete to đubre koje najpre ponižava vaš narod da bi ga zatim i uništilo. Ne dozvoljavajte više da vam političari-strančari smatraju otadžbinu kravom oko koje se cenjkaju poput Cigana. Izbacite sve te profitere i interese svoje zemlje poverite najmudrijim, najpoštenijim i državi najodanijim ljudima iz vaše nacije.

Najzad, moraću da vam govorim i o onima koje je rđav primer vaše „inteligencije" i političara-strančara najžešće zarazio. Moraću da vam govorim i o omladini.

O OMLADINI

Pričali su mi, a u to su me uverile i činjenice koje je istorija potvrdila, da je vaša omladina pre Velikog rata bila veoma rodoljubiva. I tada se rado uključivala u borbe političkih stranaka, ali je to bilo mnogo manje radi stvaranja neke materijalne koristi nego iz želje za borbom i mladalačke ratobornosti, kod nekih čak i iskrenog ubeđenja. Ondašnjoj omladini je, ipak, otadžbina bila iznad svega, pa, kada bi se našla u opasnosti, prekinula bi sve rasprave i sjedinjena pridružila se braniocima zemlje. Upravo su kod te omladine naišle na najdublji odjek one plemenite, ali u to vreme još, izgleda, neostvarljive ideje. Zato se i ideja o ujedinjenju sve braće u jednu slobodnu zemlju naročito negovala među mladima. Ideja o oslobađanju Južne Srbije od turskog jarma toliko je oduševila omladinu da su mladi seljaci, studenti, zanatlije itd. stupali u četničke redove da junački ginu od stostruko jačih turskih snaga. A kada je u jesen 1912. odjeknulo zvono na uzbunu i pozvalo naciju u krstaški rat protiv starog ugnjetača, nije bilo mladića sposobnog za pušku koji se nije odazvao pozivu. Iako je smrt strašno kosila njene redove, omladina je bila presrećna jer je nazirala oslobođenje Makedonije, te drevne srpske zemlje. Nije imala vremena da se odmori posle te pobede. Poslednjih dana jula 1914. Austro-Ugarska je napala njenu zemlju, a iz toga je proizašao svetski rat, najstrašniji rat ikada viđen na Zemlji, koji je trajao četiri duge godine, tokom kojih je Srbija doživela sve — i najveću slavu, i najveće patnje. Suvišno je navoditi pojedinosti, znate ih. Bio sam verni pratilac vaše vojske sve vreme srpskog stradanja i video sam kako vaša tadašnja omladina umire. Oh, kako je ona znala da mre! Možda su me to njeno skoro mistično oduševljenje, njena bezgranična odanost i skoro božansko umiranje najviše vezali za vašu zemlju. Mislio sam i još i danas mislim, kad vidim koliko je današnja omladina drugačija od one prethodne, da je nacija koja je mogla da stvori toliko junaka nacija koja ne može da propadne. Jedino me ta pomisao i to sećanje ohrabre kada sam na ivici da izgubim nadu u vašu otadžbinu gledajući one političare profitere i vašu „savremenu" omladinu.

Baš je savremena vaša omladina kada se, tašta i isprazna, šeta „korzoom" glavnoga grada ili kada se, poput crnca u delirijumu, trese i uvija u plesnim dvoranama, kada su vam mladići u odelima po poslednjoj modi, očiju skrivenih iza naočara po američki širokog ruba, a devojke, našminkane i namačkarene, u haljinama koje su skuplje što manje tkanine iziskuju, kada pokušavaju da održe ravnotežu na previsokim štapićima koje im zamenjuju potpetice na cipelama. Trotoar i čitava ulica pripada mladima i oni bez ikakvog stida guraju starog gospodina koji je, možda, mnogo učinio za njihovu zemlju, siromaha koji nije umeo da izvuče korist kao drugi i koji žuri, žuri na posao kako bi mogao da donese nešto hrane gladnoj deci, ili invalida koji je žrtvovao nogu kako bi oni slobodno mogli da uživaju u životu. Oni preziru te „glupake" koji nisu umeli da izbegnu rat i koji, čak, nisu umeli da izvuku korist iz pobede. Oni žele da „žive svoj život", ali ne žele da se žrtvuju za druge. Šta im znači budućnost zemlje kad oni više neće biti tu?!

Opasan vetar vam zahvata omladinu i gasi onaj

pročišćavajući rodoljubivi plamen. Za većinu vaše sadašnje omladine rodoljublje se sastoji od neke vrste zavisti pune mržnje. Zavide zemljama koje su bogatije ili moćnije od njihove i tom ponižavajućem osećanju nakaradno daju ono lepo ime rodoljublje. Istinsko rodoljublje međutim, kod nje nema ni odjeka. Odavati počast izginulima, sećati se njihovog žrtvovanja i truditi se da im budeš sličan, pa koji bi savremeni mladić ili devojka bio toliko glup da to učini? Onda više ne bi mogli da misle na sebe, morali bi da priznaju da nemaju nikakvih zasluga, a da ih stariji imaju mnogo. Taman posla, nije savremeni mladić tražio da dođe na ovaj svet. Stvoren je voljom i radi zadovoljstva starijih, a životom mora da plaća tu volju i to zadovoljstvo. Ništa im on ne duguje, već su oni koji su ga doneli na ovu zemlju dužni da mu obezbede sredstva za život bez mnogo briga. Drugim rečima, savremeni mladić smatra da nije njegovo da obezbeđuje život državi, nego da je država dužna da njemu pribavi sve kako bi on mogao da vodi što je moguće prijatniji život. Za njega je država prava krava muzara.

Otuda i ona jurnjava mladih za funkcijama. Svi bi da budu činovnici, i mladići i devojke. Vidite, mladi oba pola jako dobro znaju da sada u vašoj zemlji nije potrebno nikakvo znanje ili sposobnost da bi neko postao činovnik, potrebno je samo da ga pogura neki poslanik, ministar ili uticajni političar-strančar. Za ove su činovnici kadrovi njihove biračke vojske i svejedno im je da li oni valjano obavljaju posao za koji ih plaća država. Njima je stalo da oni rade kao njihovi izborni agenti. Međutim, broj činovničkih mesta se do krajnosti uvećao. Prirodno, pošto je opterećenje države postalo preveliko, ona daje činovnicima smešno male plate, nedovoljne za život, koji je postao vrlo skup. Onda činovnici pokušavaju da to nadoknade stvaranjem onog ponižavajućeg običaja podmićivanja, ako već ne mogu da direktno uzimaju iz kase koju im je država poverila. A političari — koji su se pobrinuli za ta mesta — dopuštaju da se to čini, jer su kupili izbornog agenta-činovnika tom dozvolom da pribavlja novac svim sredstvima. Možda mislite da preterujem. Hajde, onda, pošaljite vagon iz neke železničke stanice, a da ne platite veliku napojnicu. Skoro svuda će vaš vagon čekati nedeljama dok ne krene, a za to vreme ćete gubiti interes na novac uložen u robu koja treba da se isporuči. Ili, pak, pogledajte malo šta se dešava na carini. Zašto X plaća beznačajnu sumu za robu čije će pravo uvoza Y-a koštati velikih para? Vrlo prosto — zato što je X „pristao na igru" i dao bakšiš, a Y nije hteo to da učini. Ili, pokušajte da ugovorite neku koncesiju u vašem Ministarstvu šuma i rudnika. Možete da dajete i po državu najpovoljnije ponude, od posla ništa neće biti ako ne razdelite zamašne čekove visokim činovnicima, a napojnice nižim. Sve sam ja to video i veoma mi je žao što moram da primetim da su taj običaj, veoma štetan i po državu i po pojedince, koristile čak i ličnosti koje sam smatrao poštenim, ali je i njih zarazila sredina.

Vaša omladina koja trči za činovničkom službom dobro zna da joj plata neće biti sjajna, ali računa da će to nadoknaditi mitom i drugim sitnim radnjama. Uz to, ona kani da živi bezbrižno sa što je moguće manje rada. Čak joj ni na pamet ne pada da je u dobro uređenoj državi svaki činovnik mala karika u lancu koji pokreće točak države i da svaka karika mora pratiti to kretanje kako bi taj točak proizveo maksimum korisnog rada.

Ovo se mora reći. Sve ste učinili da biste svoju omladinu doveli do tačke na kojoj je danas. Po prirodnim bogatstvima vaša zemlja je bila predodređena da bude prevashodno poljoprivredna. Umesto da usmerite omladinu na racionalno obrađivanje zemlje tako što ćete joj pružiti dobro osnovno školovanje, pa odlično poljoprivredno-tehničko otvaranje, zasenili ste je slavom visokih naučnih studija, nezavisnošću — na papiru — i zaradama u takozvanim slobodnim zanimanjima. Umesto da ste u svakom selu podigli osnovnu školu i da ste je stalno usavršavali, umesto specijalnih škola za poljoprivrednike i zanatlije, u svakom gradiću ste osnovali „gimnazije", a univerzitete i fakultete u Beogradu, Skoplju, Subotici i Ljubljani. Štaviše, da biste ohrabrili mlade da napuštaju selo, uveli ste besplatno srednje i univerzitetsko obrazovanje. A zemlje stare kulture i zaista najdemokratskije zemlje, poput Švajcarske, imaju besplatno osnovno obrazovanje, ali se više školovanje plaća. Znaju one zašto to čine: ne žele da liše državu najzdravijeg elementa, poljoprivrednika i zanatlija. Vi preterujete u tom demagoškom poletu. Opet u cilju stranačke političke propagande, ustanovili ste brojne stipendije kako vam student na univerzitetu ne bi plaćao školovanje, kao što se to, uostalom, svuda čini, već ga za to i plaćate. Uspeli ste tako da sve više praznite sela i privlačite na univerzitet hiljade i hiljade mladih oba pola, koji neće biti ništa drugo do naučni proletarijat pošto za to nemaju istinske sklonosti, a pronašli bi sebe na selu, kojem već nedostaje radna snaga, ako bi se planski pristupilo obrađivanju. Stvorili ste mnoštvo rđavih činovnika koji će štetiti državi jer će loše raditi i uvek će biti nezadovoljni.

Dopustili ste, zatim, da se na vašim univerzitetima stvore čudnovati običaji i navike. Nije zadatak univerziteta da profesori deklamuju lekcije, koje će student naučiti napamet. Student može da nađe u knjigama sve gradivo koje se predaje na univerzitetu. Vrednost univerzitetske nastave jeste u profesorovom načinu posmatranja i njegovom ličnom uticaju na duhovno izgrađivanje studenata. Kako kod vas može da se govori o ličnom uticaju profesora na studente kada on, kao što je slučaj na Beogradskom univerzitetu, posredstvom vratara prodaje svoja umnožena skraćena predavanja, koja studenti, ne dolazeći na časove, za ispite uče napamet? Mnogi vaši studenti nisu prisustvovali ni jednom jedinom predavanju na univerzitetu. Jednostavno, samo su se upisali i kupili ili pozajmili od nekoga umnožen kratki pregled predavanja koja su morali da prate. Izdajući se za studente i uživajući sve pogodnosti tog statusa, oni zauzimaju mesta u administraciji, bankama itd. Kada procene da je pogodan trenutak, napamet nauče kratke preglede predavanja, izlaze na ispite i dobijaju „univerzitetsku" diplomu. Tako ste u očima svih onih koji znaju kako se postaje „diplomac" na vašim univerzitetima srozali njihov ugled. Vaša diploma postaje samo parče papira koja omogućava njegovom vlasniku da postane loš činovnik. Često sam bivao zapanjen neznanjem „profesora" koji su izašli sa vašeg univerziteta, posebno profesora prirodnih nauka. Naravno, vaši studenti medicine ne mogu na taj način da studiraju. Prinuđeni su da idu u sale za disekciju i na klinike. Uostalom, imate izvrsnih lekara Srba koji bi bili u stanju da obrazuju dobre učenike.

Međutim, kao i u ostaloj univerzitetskoj nastavi, ne šaljete im dobar studentski materijal, a sa slabim materijalom ni najbolji profesor ne može da obavi dobar posao. Bez ikakvog odabiranja prenatrpavate slušaonice.

Reklo bi se i da sa pogubnim uživanjem gurate žene na visoke studije. Potpuno zaboravljate da je žena po prirodi, stvorena za drugačiju sudbinu od muškarca. Žena je u nečemu superiornija od muškarca, a muškarac u nečemu superiorniji od žene. Iskustvo dugo, sada, već skoro pola veka, pokazalo je da je žena, uz vrlo retke izuzetke, dala samo osrednje rezultate u nauci. Navedite mi, osim gospođe Kiri, koja je dobro iskoristila delo svoga muža, jednu jedinu ženu koja je ostvarila nešto veliko u prirodnim naukama, medicini, književnosti itd. Nećete pronaći nijednu. Zašto, onda, gurate svoje devojke na univerzitetske studije? Zar ne mislite da one na njima gube ženstvenost i da postaju nesposobne da stvaraju i vode porodicu, što je suštinska svrha žene?

Pogledajte samo kako neuredno živi većina vaših studentkinja na univerzitetu. Potražite u bolnici statističke podatke o sifilističarkama, pobačajima i abortusima devojaka koje ste poslali na univerzitet. Prestravićete se. Prošetajte za lepa vremena Košutnjakom i prebrojte parove studenata i studentkinja koji tamo, bez ikakvog ustručavanja vode ljubav. I sa takvim ženama vi biste da obnovite zemlju iskrvavljenu ratovima i takvim ženama biste poverili decu na vaspitavanje?

Univerzitet je najviša obrazovna ustanova u nekoj zemlji. Kao takva ona treba da bude primer, a disciplina na njoj najstrožija. Prvi se univerzitet mora povinovati neophodnim zahtevima za dobro funkcionisanje države. A šta ste vi uradili? Dopustili ste univerzitetu sve slobode. Pozivajući se na „autonomiju univerziteta", vaši studenti sebi dopuštaju ono što kod drugih neće trpeti. Vode stranačku politiku, žele da nameću zemlji svoju volju, a još obrisati nos čestito ne znaju, organizuju štrajkove, čak i prave male bune i sl., a vi to lepo dopuštate i tu neobuzdanu omladinu ne kažnjavate dobrim prutom po stražnjici. Zar ne uviđate da tako dajete loš primer mladima, građanima, seljacima i radnicima? Njima će neminovno pasti na pamet da je i njima dozvoljeno ono što je dozvoljeno onima koji su određeni da budu buduća elita zemlje, i tako gajite nedisciplinovanu, sebičnu omladinu koja ne haje za potrebe države.

Vaši univerzitetski profesori ne čine ništa da bi promenili to po zemlju kobno stanje. Opet ste vi krivi, moji srpski prijatelji, što su oni koje ste izabrali da vam vaspitavaju studentsku omladinu tako nezainteresovani. U stvari, vi ne postavljate na ta počasna mesta u obrazovanju svoje najbolje snage, već i tu veliku ulogu ima stranačka politika, „kumstvo", pojedinačni interesi nekih trenutnih moćnika. Istina je da na univerzitetu imate ljude velike vrednosti, ali su velika većina mediokriteti koji su na ta mesta stigli zahvaljujući stranačkoj politici ili njenoj podršci. Njih, naravno, nimalo ne zanima moralna, pa čak ni naučna vrednost učenika. Oni sastavljaju i umnožavaju svoja predavanja, krčme ih i vode stranačku politiku kako bi, na taj način, zaradili što više novaca. I sami ste ih naterali da krenu tim putem pošto ih plaćate tako malo da im je gotovo nemoguće da žive samo od profesorske plate ako imaju porodicu. Velika većina vaših univerzitetskih profesora nisu izabrali taj poziv podstaknuti zanimanjem za nauku, već da bi postali poslanici, kasnije ministri, ili, ako su lekari ili advokati, da bi mogli, kao „profesori", ispostavljati preterano visoke račune privatnoj klijenteli. Iz samilosti, ili zahvalnosti, a to osećanje vam je na čast, smatrali ste da vam je dužnost da na univerzitet dovedete sve one tobože izbegle ruske profesore, a oni su, vrlo često, obične varalice. Ako su ti ruski profesori i bili univerzitetski profesori u svojoj zemlji, onda su u tom poslu propali budući da je njihov obrazovni rad napravio Rusiju zemljom divljaka i ubica. I vi u takve ruke stavljate obrazovanje onih koji bi morali da vam budu cvet omladine?! Sa profesorima koje vam je izabrala stranačka politika i kumstvo i tim ruskim profesorima, stvorili ste kolegijum takozvanih vaspitača čiji su članovi užasno ljubomorni jedni na druge i kojima je poslednja briga dobro ove zemlje. Ti profesori guše svaku izrazitiju individualnost koja bi mogla da zaseni njihovu vlastitu osrednjost. Oni ubijaju ono, za svaki napredak, toliko potrebno nadmetanje. Uopšte se ne bave duhovnim potrebama svojih učenika. Njihovom krivicom univerzitet vam je postao apatriotski.

Dopustili ste tako da umre duh vaše omladine. Dozvolili ste da se ona ugleda na sve one vaše skorojeviće, zabušante, zelenaše, ratne bogataše, sumnjive političare, zatrovane žudnjom za novcem. Vaša omladina je njihova žrtva. Obrazovana je po uzoru na njih. Dužnost vam je bila da je sačuvate od tog uzora, a vi to niste učinili. Pripazite da vas taj nemar jednog dana preskupo ne košta. Može vas koštati i zemlje jer ova omladina se neće žrtvovati na oltaru otadžbine kad zazvoni na uzbunu, a zazvoniće jednog dana, kao ona omladina koja je vodila oslobodilačke ratove. Današnja omladina će vam odlučno reći da nipošto ne želi da gine jer joj to ništa ne donosi. Zna ona iz iskustva, gledala je to svojim očima, i kako oni koji su se žrtvovali, kod vas, u vašoj modernoj Srbiji, dobijaju samo nogom pozadi.

ZAKLJUČAK

Otvoreno sam vam rekao šta sam video kod vas i šta je opasno po budućnost vaše zemlje. Nisam sve rekao, samo sam vam ukazao na ono najštetnije. Verujte mi da me je to često zabolelo i da sam tu opasnost možda više osetio nego vi. Zašto? Naprosto zato što volim vašu zemlju — a od nje ništa ne očekujem — idealističkije od vas i što sam joj žrtvovao sve ono što čovek može da žrtvuje. A, znate dobro, što se čovek više žrtvuje za nekoga ili nešto, to mu je privrženiji. S pravom ili ne, mislim da sam i ja zaslužan, makar i u najmanjoj mogućoj meri što je vaša nacija uspela da dosegne i ostvari san predaka: da okupi i ujedini srpske ili, ako više volite ovu reč, jugoslovenske zemlje. U presudnim trenucima sam jemčio za vas. Ne bih želeo da mi neko kaže da sam to činio za naciju koja to ne zaslužuje.

Međutim, da mi to neko ne bi mogao prigovoriti, dajte prednost svojim vrlinama i iščupajte iz tela one ružne bubuljice na koje sam vam ukazao na ovim stranicama, a njih ćete čitati tek posle moje smrti. Vi to možete da učinite. Telo vam je zdravo, samo ga prlja površinska kožna bolest. Trljajte, snažno trljajte svoje telo i skinite tu ružnu prljavštinu koja ga nagrđuje i pogani.

Nemojte dozvoliti da vaša lepa duša propadne u tom đubretu koje se na njoj nataložilo naročito posle rata. Nacija koja je, poput vaše, odolela vekovnom ropstvu, koja se povukla preko Albanije i koja je, izgnana iz svoje zemlje, ali ne i poražena, uspela da se vrati na svoja ognjišta kao pobednik — ne dopušta da je podjarmi šaka sebičnih i podmitljivih političara, gnusnih šićardžija, prezira dostojnih zabušanata i zločinskih profitera i zelenaša.

Uprkos svemu, ja verujem u budućnost vašeg naroda. Duh Kosova, Karađorđa, Kumanova i Kajmakčalana ponovo će se probuditi. Mora se međutim, brzo probuditi, jer bez njega ćete možda ponovo doživeti vreme robovanja koje ni u čemu neće zaostajati za onim pretrpljenim koje su vaši stari pobedili žrtvovanjem i junaštvom. Sudbina vam je u vlastitim rukama: blistava budućnost ili ponovo ropstvo!

Beograd, 1. juna 1928.
R. A. Rajs

RAJSOVA OPOMENA

Stranac koji je u Prvom svetskom ratu bio Srbima najmanje stranac, stranac koji je bio među najboljim Srbima kada je to najteže bilo, stranac koji je bio Srbin kada to više nisu bili ni oni najveći Srbi, godine 1928. viče Srbima: „Čuvajte se!"

Od koga?

Od sebe!

Dovikuje Arčibald Rajs, prijatelj koga smo izneverili, a on nam ojađen našim izneveravanjem uzvraća istinu o nama. Takvu snagu mogao je imati samo izuzetan čovek; njegovu istinu mogao je da zasluži narod visokih svojstava i istorijskih podviga.

U ovim danima naših survavanja na dno Evrope i svoje dno mlađa pokolenja srpskog naroda i oni Srbi koji žele da se prenu iz bunila propadanja i priberu snage da zaustave pad nacije u ništavilo, treba da pročitaju bolnu, savesnu, istinitu opomenu Arčibalda Rajsa: *Čujte Srbi!*

Saglasan kao pisac sa Arčibaldom Rajsom u njegovim analizama i uočavanjima nekih bitnih svojstava srpskog kolektivnog bića i društva, ubeđen da je on istinito sagledao i naše najgore osobine, još ubeđeniji da su mnoge od njih narasle u ovom sadašnjem „miru", samo ću prelistati spisak mana na koje nas upozorava, po mom saznanju, najodaniji prijatelj Srba u Prvom svetskom ratu. A prećutaću vrline koje nam priznaje prepuštajući čitaocima da ih biraju za svoja ohrabrenja.

Osnovne činioce očajnog stanja i moralnog sloma nove države i srpskog društva posle velikih oslobodilačkih podviga

Srba u Prvom svetskom ratu Arčibald Rajs vidi u inteligenciji i političarima. On to dokazuje mnogim i konkretnim primerima iz stvarnosti Kraljevine Srba, Hrvata i Slovenaca. Njegovi zaključci su ubedljivi, porazni i aktuelni: inteligenciju su prožimali nemoral, nestručnost u javnim poslovima, arogancija prema „običnim ljudima", korumpiranost; rodoljublje je zamenjeno koristoljubljem; defetisti su potčinili oslobodioce; žrtve date za otadžbinu, obeščaćene su; skorojevićstvo u svemu ovladalo je društvom. Takav mir je unizio slobodu, ozakonio nepravde, razarao etnos i najbolje tradicije srpskog naroda.

Srpsku politiku prožimali su vlastoljublje, koristoljublje i strančarstvo. „Političari su vam iskvarili zemlju... Politika se meša u sve i svuda... Najbolji način da brzo postaneš bogat jeste da postaneš ministar." Dominacija politike čitavim ljudskim i narodnim životom, nemoralna, sebična i strančarska politika, duga je i nesrećna tradicija srpske politike od početka stvaranja moderne srpske države.

Takvu inteligenciju i takve političare Rajs čini odgovornima što Srbi posle Prvog svetskog rata nisu imali „jednu od glavnih uloga u Evropi". Iako smatram da mi kao nacija sa svojim potencijalima nismo imali objektivne mogućnosti za neku „glavnu ulogu u Evropi", jer smo u Prvom svetskom ratu biološki satrveni, a u grandomaniji nacionalne politike krenuli stranputicom istorije, 1918. stvorili zajedničku državu sa Hrvatima i Slovencima koja nije imala nikakve izglede za nekakvu „glavnu ulogu u Evropi", tačno je Rajsovo mišljenje o inteligenciji i političarima u prvoj deceniji Kraljevine Srba, Hrvata i Slovenaca. Takva koristoljubna i strančarska politika, takva koruptivna inteligencija i danas su najodgovornije za stanje u našem društvu, u kome je razum obezvređen, znanje obesmišljeno, moral razoren, a opšte dobro zamenjeno ličnom korišću.

Ono što je trebalo da predstavlja „demokratsku revoluciju” u raspadu titoizma i Jugoslavije preobratilo se u „kriminalnu revoluciju”.

U nacionalnoj krizi koja je zahvatila Srbe u miru posle Prvog svetskog rata Rajs imenuje i ove u svemu ličnom i opštem; prostaštvo i neuljudnost; bekstvo iz sela i poljoprivrede; nestručnost, lenjost i arogancija činovništva; pohlepnost, podmitljivost; rajinski mentalitet; odsustvo ličnog dostojanstva i građanskog morala; srebroljublje; nezahvalnost prijateljima za učinjene dobrote; ksenofobija vladajućih; nekritičnost prema sebi; strast oponašanja; površnost; nerazumevanje Evrope... Među tim manama, koje nisu samo srpske, koje su i mane ljudske većine na ovoj planeti, treba istaći i domaće frazersko rodoljublje, tradiciju unovčavanja rodoljublja i izjednačavanje vlasti i otadžbine kao vida defetizma sa alibijem.

Srbi nisu čuli opomene svog prijatelja Arčibalda Rajsa. Poročno su rušili preskupe tekovine rata i ugled u demokratskom svetu. Neke Rajsove savete o organizaciji države, i da su bili spremni da ga poslušaju, nisu mogli da usvoje. Državom sa savetom koji čine najmudriji ljudi nacije ne verujem da bismo zadobili glavnu ulogu u Evropi. Jer, ni u ondašnjoj Evropi nisu vladali mudraci. Rajsova slavljenja seljaštva i patrijarhalnog društva poricala je industrijska civilizacija koja je nezadrživo osvajala i srpsku zemlju.

Ako Srbi savremenici Arčibalda Rajsa nisu čuli njegove opomene i nisu mogli da poslušaju njihove savete, današnji Srbi treba da ga čuju! Mane njihovih predaka i njihove su mane. Sa tim manama mi ne možemo da izvršimo nacionalni preporod, bez kojeg nam nema opstanka u sadašnjoj i budućoj Evropi.

Knjižica *Čujte Srbi!* zaslužuje pažljivo čitanje i dalekosežnije razmišljanje. Zašto je i ono prošlo nama sadašnje? U čemu je srpski narod napredovao u XX veku? Da li je napredovao u politici, moralu, građanskoj kulturi? Gde smo bili na početku XX veka i gde smo sada na njegovom kraju?

I Arčibald Rajs nas poziva u svestranu i temeljnu kritiku sebe i svega srpskog u cilju stvaranja misleće nade mlađim pokolenjima. Od takve kritike ne znam šta je Srbima preče danas.

Dobrica Ćosić

ZAVETNA ŽELJA DR RAJSA

Kad mi se ovde, u zemlji srpskoj,
Završi staza životnih dana,
Želim da moje srce počiva
Visoko iznad Kajmakčalana.

I zaspao je s tom toplom željom
I svoje lepe oči za navek sveo,
Pošto je dao Srbiji dragoj
Snove i mladost i život ceo.

(Vojislav Ilić Mlađi)

Rudolf Arčibald Rajs (Rodolphe Archibald Reiss) rođen je 8. jula 1875. godine u južnonemačkoj pokrajini Baden. Posle završenog osnovnog i srednjeg obrazovanja u Nemačkoj, odlazi na studije u Švajcarsku, u romanski kanton Vo.

Zvanje doktora hemije stiče već u 22. godini. Nedugo posle toga biva izabran za višeg asistenta, a zatim i za docenta za fotografiju i fotohemiju Univerziteta u Lozani. Vrši mnogobrojna istraživanja, a posebno ga interesuje primena naučne fotografije u medicini, kriminalistici i sudstvu, istražuje nove metode identifikacije osoba, postaje pionir naučne kriminalistike.

U Lozani 1900. godine osniva Institut za tehničku policiju i kriminologiju. Sarađuje sa mnogim redakcijama i učestvuje na stručnim skupovima i naučnim kongresima. Od 1901. godine uređuje časopis Švajcarska revija za fotografiju.

Rajs ubrzo stiče i autoritet praktičnog kriminologa, pa već od 1904. godine učestvuje u veštačenjima pri kantonalnim i drugim švajcarskim sudovima.

Za redovnog profesora kriminalistike imenovan je 1906. godine. Kao profesor nastavlja da se predano bavi naučnim radom i stiče ugled kriminologa svetskog glasa.

Ubrzo po izbijanju Prvog svetskog rata, a na poziv srpske vlade, Rajs sa grupom švajcarskih lekara stiže u Niš, ratnu prestonicu Srbije. Srpska vlada poziva Rajsa da, kao poznati naučnik i kriminalistički stručnjak iz neutralne zemlje, istraži zločine Austro-Ugara, Nemaca i Bugara nad civilnim stanovništvom i utvrdi kršenje međunarodnih konvencija.

U Nišu je prijatno iznenađen humanim odnosom i postupanjem prema zarobljenim austrougarskim vojnicima kojima nije falila dlaka s glave; srpski vojnik poštovao je Ženevsku konvenciju koja je nalagala civilizacijsko ponašanje prema ratnim zarobljenicima. U Mačvi je zaprepašćen nedelima okupatora, posebno u Šapcu, Lešnici i Prnjavoru.

Rajs je zavoleo srpskog vojnika i srpski narod i do kraja života ostao u Srbiji. Sa srpskom vojskom prešao je Albaniju, Solunski front i sa Moravskom divizijom umarširao u oslobođeni Beograd, novembra 1918. godine.

Bio je član delegacije jugoslovenske vlade na Mirovnoj konferenciji u Parizu, 1919. godine.

Posle rata modernizovao je tehničku policiju pri Ministarstvu unutrašnjih poslova nove države. Tadašnja kriminalistička tehnika, po mišljenju američkih istraživača koji su putovali po Evropi proučavajući baš ovaj vid policije, bila je na veoma visokom nivou. Uprkos tome, Rajs se, razočaran nekim negativnim pojavama u društvenom i političkom životu, pred kraj života povlači iz svih javnih funkcija. Živi skromno u svojoj vili Dobro polje u Beogradu gde je i preminuo 8. avgusta 1929. godine.

Uzrok smrti bio je moždani udar kao posledica žučne svađe sa prvim komšijom — bivšim ministrom i ratnim profiterom

Kapetanovićem koji je rat proveo u inostranstvu. Sahranjen je sa svim vojnim počastima i po pravoslavnom obredu. Po sopstvenoj želji, njegovo prethodno izvađeno srce odneseno je u urni na Kajmakčalan gde je sahranjeno zajedno sa ostalim oslobodiocima Solunskog fronta.

U vremenu pred smrt, razočaran je i svojom ličnom sudbinom, i karijerizmom, i korupcijom u zemlji. U svojoj skromnoj kući na Topčideru, Rajs piše ratne memoare, *Šta sam video i proživeo u velikim danima*, kao svedočanstvo o jednom uzburkanom vremenu u Srbiji. Iz tog vremena potiče i njegovo posmrtno zaveštanje srpskom narodu, neobjavljen rukopis ove knjige *Čujte Srbi!* na francuskom jeziku.

SADRŽAJ

Rudolf Arčibald Rajs
ČUJTE SRBI!

London, 2021

Izdavač
Globland Books
27 Old Gloucester Street
London, WC1N 3AX
United Kingdom
www.globlandbooks.com
info@globlandbooks.com

www.ingramcontent.com/pod-product-compliance
Lightning Source LLC
Chambersburg PA
CBHW061427050726

47593CB00006B/2259